ちくま新書

理数探究の考え方

石浦章一
Ishiura Shoichi

1689

理数探究の考え方【目次】

イラストレーション＝たむらかずみ

プロローグ　ワクチンと確率的思考

最近、探究という文字を見かけることが多くなりました。小中高の教育のキーワードになっています。探求ではなく探究なのですが、なぜこれが話題になっているかというと、教育方法の抜本的な改革が始まっているからなのです。簡単に言うと、教えられる教育から自分で学ぶ教育への転換です。この探究的教育法が小学校から高校まで、全部でやりましょうと文部科学省が旗を揚げたのです。

2020年初頭から始まった新型コロナウイルスの感染爆発の話題から、自分で学ぶことが私たちの健康にとって重要であることが分かった例をご紹介しましょう。今まで私たちの頭にあまりなかった確率的思考が、生きていく上でも重要だということがはっきり分かったのです。

2022年の新年早々から日本に蔓延《まんえん》したオミクロン株（第6波）の最中に、あるテレビ局が若者にインタビューしたところが放映されました。「あなたは、これからワクチンを打ちますか」という問いに対して、「コロナに罹《かか》っても軽そうだし、何よりも副反応が出るのが嫌だから打ちません」、「ワクチンが安全といわれていたけど、ワクチンを打っても感染する人がいるとテレビが言っているから、ワクチンが信用できません」と何人かが答えていました。

実は、ワクチンを打っても感染する（ブレイクスルー感染）のは当たり前です。新型コロナが話題に上ってから2年も経っているのに、20歳の若者がなぜこの当たり前を理解できず、このような幼稚な考えにとりつかれているのでしょうか。もともとのファイザー社の研究結果では、4万人を調べて感染防御に約95％の効果があった、と報告されました。これは4万人のうち、95％である3万8000人に効果があって感染せず、2000人に効果がなく感染したという意味ではありません。2万人にワクチンを打ち、2万人に食塩水を打った結果、3か月後に後者では162人感染したが、前者のワクチンでは8人しか感染しなかった（だから95％に効果があった）という報告でした。最初から20人に1人の割合で必ずブレイクスルー感染を起こす、ということが分かっていたのです。

感染したのはワクチンが効かなかったのではなく、（1）ワクチンを打つ前に感染していた、（2）ワクチンで抗体が大量にできる前に感染した、（3）高齢者は抗体ができにくく、抗体ができてもすぐになくなっていったからそのあとに感染した、という3つの可能性が考えられます。だからワクチンというのは、もともと完全には安全ではないのです。「ブレイクスルー感染」と報道して、さもワクチンが効かなかったように騒ぐのは、マスコミの無知か、またはわざとワクチンを打たせないようにしようとする意図があるか、ただ騒げば視聴率が上がるからと考えているか、のどれかです。

ワクチンを打つと、普通は誰でも打ったところが痛くなります。人によっては熱が出たり、腫《は》れたり、数日間だるくなり調子が悪くなります。これを副作用とは言わないのは、免疫反応の結果起こった事象だからです。分かりますね、これを「副反応」と呼びます。私たちの体がちゃんとワクチンを認識して反応している証拠なのです。新型コロナウイルスの場合、副反応は1回目接種後よりも2回目接種後のほうが強く出ます。注射部位の痛み、疲労感、頭痛、筋肉痛、発熱、関節痛、悪寒、吐き気、腫脹《しゅちょう》などが報告されています。

実はこれらは、新型コロナウイルスのワクチンに特徴的なのではなく、結核菌に対するＢＣＧ、インフルエンザ菌に対するＨｉｂワクチン、三種混合ワクチンでも同様なのです。一般的に、副反応はどんなワクチンでも出ます。普通こういう知識があると、副反応が出たほうが体の免疫系がワクチンに反応して抗体などを作っていることが分かるので、重症化のリスクを防ぐことができるから良かった、と考えるはずですが、「少しでも熱が出て仕事に行けないのが嫌」と堂々と人に言う成人がいる国が先進国にあるとは思いませんでした。知識がないということは恐ろしく、命とちょっとした痛みを天秤にかけ後者に重きを置いている若者がいるのは困ったものです。

どうしてこれが確率的考え方の問題なのかというと、それは以下の理由によるものです。一般に予防接種は、健康な人への医療行為ですから、当然、何も起こらないのが当たり前とだれもが考えています。「ほんのちょっとでも副反応が出ると嫌だ。ワクチンは打ちません」と言う人は、何も起きないことと嫌な副反応を天秤にかけているのです。そこで、少しでも何か嫌なことが起こると「自分が損をした」と考えます。ワクチンが感染症を防いでいることを自覚できないのです。すなわち、ワクチンが感染症を防ぐ確率（メリット）が目に入らないのです。

一方、がんになったら、どんなにひどい副作用が出る治療薬でも、手術でも、大多数の人は進んでそれを受け入れることが分かっています。それは、死のリスクと回復のベネフィットを天秤にかけ、回復の確率が高いほうを選択しているからです。ここでは、ちゃんと確率的思考が頭に入っています。なぜなら、がんの死亡率は数字で出ているからです。ところがワクチンについては、何も起きないことを期待しているのに嫌な副反応が出てくるので「損をした」と考えるのです。ワクチンについての正しい知識がない人が多いので仕方がないのかもしれませんが、これが若者全員では困ります。

ワクチンの場合、もっと重要なのは、ワクチンを打たないと病気を他人にうつす恐れがある、ということです。ワクチンを打つと他人にうつさなくなるというデータも出ているのですが、マスコミはそれを報道しません。現在ではウイルスの遺伝子解析ができるので、人から人へとうつる経路が特定できます。人にうつしたら損害賠償を払わないといけないという法律があれば、損得しか考えない若者の接種率が上がると考えられます。1980年以降、アメリカ全州ではしかワクチン接種が小学校入学の前提になっています。オーストラリア、フランス、イタリアでも同様です。接種率の向上に効いているのです。

若い時から、このような数学的思考が大切なのは言うまでもありません。また、マスコミの報道（他人の言葉）を頭から信じ込むのではなく、自分で納得のいくまで調べるという生き方が、結果的に自分の健康や将来の職業選択に必要になってくるのです。この姿勢こそが「探究」で培われるのです。本書では、新しい科学へのアプローチとして、高校教育に取り入れられた新科目「理数探究」と、最近話題に上るようになった「サイエンスコミュニケーション」を題材にして、その本質を紹介しようと思います。

第1章の「理数探究とは何か、知っていますか？」では、新科目の説明と21世紀から始まった新しい探究型教育について、いろいろな例を引きながら見ていきたいと思います。昔の自由研究が進化して探究になったと考えていいのですが、この探究発表が競争になり、あげくのはてに大学入試に使われるという本末転倒となったいきさつも紹介したいと思います。

第2章の「日本の理科教育あれこれ」では、小学校の理科を題材に我が国の理科教育の歴史やその良い点を紹介したいと思います。教育というと、すぐ他の国と比較したくなるのが人情です。世界のランキングについても見ていき、問題点を指摘したいと思います。

第3章では「大学、大学院で身につけたいこと」をまとめました。主に研究者になるための科学情報の見つけ方や論文の読み方をまとめました。私は大学で研究室を主宰した経験があり、１００人以上の院生を指導しましたので、その時に感じたこともこの章で紹介します。また、現在のリモート環境での新しい学び方も必見です。私たちが対面授業しかしていなかったときに比べて、全く新しい学びが生まれています。

最後の第4章では「サイエンスコミュニケーション超入門」と題して最新の科学事情を紹介します。科学は学ぶだけでなく発信しなければいけない、一般の人と専門家が対話しながら科学技術を発展させていかなければならない、というのがサイエンスコミュニケーションです。大学で教えているサイエンスコミュニケーションの技法も少し紹介します。

私は現在、小学校「理科」と高校「理数探究基礎」の教科書（啓林館）の編集委員長をしています。大学の生命科学の教科書もいくつか編集した経験もあります。若者すべてに科学的な考え方が浸透することを心から願って教科書を編纂《へんさん》しています。また数年前までは分子生物学・生化学の研究者として、神経難病の発症メカニズムと治療の研究を行っていました（アルツハイマー病やトリプレットリピート病です）。定年退官後の今は、大学で主にサイエンスコミュニケーションを教えています。今回の探究の題材が生物分野に偏っているのは、こういう私の履歴が関係しています。その点は甘めに採点していただき、本書を利用して探究を通した新しい教育事情を理解して、多くの読者やその周囲の若者に実践していただければと願っています。

第１章

理数探究とは何か、知っていますか？

†これからの高校生が学ぶこと

２０２２年度から高等学校で「理数」という教科が新設され、多くの高校で新しく授業が始まりました。教科というのは、物理、化学、生物、地学のような理数の分類の１つで、理数はこれに加わったものです。これには「理数探究基礎」と上位科目の「理数探究」が含まれ、選択科目として高校生が履修できるようになりました。理数探究は、数学と理科の知識や技能を総合的に活用して主体的な探究活動を行うもので、これまでにない画期的な科目なのです。これからその紹介をしますが、これは実は大学生が、例えば実験とか調査を行うときにも非常に役に立つ話なのです。

理数探究とはどういうものかは、以下の例を見ればお分かりいただけると思います。

†対照実験とはどういうものか分かりますか？

最初は、対照実験という言葉を紹介しましょう。特に、これから理系に進もうという方は知らないといけません。次の例は面白いので、ちょっとやってみましょう。典型的には大学入試問題だと考えて下さい。

「鳥のオスに見られる長い尾羽は、メスにとってオスをより魅力的にするために進化した」という仮説を検証するような実験を行いたい。つまり、尾羽が長いオスはメスに好かれるのではないかという仮説を検証したい。そのときオスを3つのグループに分けて、(1)尾羽をそのままにしたグループ、(2)尾羽の先を切り取って短くしたグループ、(3)切り取った尾羽を無操作の尾羽にくっ付けて人工的に長くしたグループ、この3つの群の、どれに一番メスが近寄っていくか、そして交尾するかということを比較すればいい。

仮説を検証する実験条件はこの3つでいいだろうか。

実際、長い尾羽のオスのほうにメスがたくさん寄って行くということは、分かりますね。メスが長い尾羽のオスを好んでいるからです。しかし、この3つの比較実験だけでその結論が得られますか？　もっと大切な実験がありませんか。それが対照実験というものです。簡単に言うと、何も操作を受けない尾羽が普通の長さのもの(1)と、尾羽を短くしたもの(2)、切り取った尾羽を何もしない鳥の尾羽に付加して長くしたもの(3)、この3

つの群を比較して、メスがどれに一番近寄っていくかを見ればいいわけですが、これでは実験条件が足りないのではないかという問題です。何が足りないか分かりますか？

この問題は、ほとんどの大学生に聞いても、尾羽をただ短くするのではなく全部切り取る群をもう1つつくればいい、と言うのです。しかし尾羽を全部切り取る必要はないですよね。尾羽を短くしたのを（2）でつくったので、これ以上、全部切り取る必要はないのです。この答えは間違いです。

とすると、もう1つ必要な実験は何だと思いますか？　それは（4）いったん切り取った尾羽をまた同じところにくっ付けるという実験です。つまり切断という操作を受けるが長さは同じ、こういう群をつくらないといけないのです。なぜだか分かりますか？　それは、尾羽を切るという刺激がその鳥に伝わって、切っただけで鳥が急に元気になるかもしれないでしょう？　だから切った効果があるかないかを調べるには、こういう実験（これを対照と言います）が必要なのです。英語で「コントロール」といいます。それが分かるかどうかが問題です。

†実験をデザインするのは難しい！

読者の皆さん、この仮説を検証する実験はこれ以外にないでしょうか。長い尾羽のほうが魅力的だということを証明するときには、切るなどという残酷な操作をしなければいけませんか。もっと何かうまくできませんか。オスをたくさん捕まえて、1羽ずつ尾羽の長さを測って、個体を識別する足輪を着け、メスとの交尾回数を測ればいい。尾羽が長い鳥のほうがたくさん交尾して、短い鳥が交尾しないことが分かればいいので、わざわざ尾羽を切るという面倒なことをやらなくてもいいのではないかという人は結構多いのです。だけど、これではいけません。皆さん、なぜダメか分かりますか。

この個体識別する方法を相関的研究と言います。比較すると、尾羽が長い鳥のほうがもてて、短い鳥はもてないということが分かりますが、なぜこれがダメなのでしょうか。前に紹介した尾羽を切るのは実験的介入といって、わざわざ切り取ったり、また貼り付けたりしたわけです。実験的介入のほうが、なぜ研究として良いのか、分かりますか。相関的研究のほうが楽なのに。

なぜ実験的介入が必要かというと、実は第3の変数が隠れている場合があるからです。ちょっと説明しましょう。例えば尾羽のことを考えると、メスは尾羽の長さを選んでいるのではなくて、ひょっとして、尾羽の長いオスは、縄張りの質が良いのかもしれない。また大きい縄張りを持っているのかもしれない。メスはそういうのを選んでいるのかもしれないからです。つまり本当にメスが選んでいるのは、尾羽の長さだけなのかどうかということを調べるためには、実験的介入が必要なのです。

オスをたくさん捕まえて1羽ずつ尾羽の長さを測って、その交尾回数を測る相関的研究は、なぜ問題があるかというと、実は尾羽の長さを測るのが大変なのです。短期間に一度に多くのオスの尾羽の長さを測定することを考えてみてください。例えば20羽いたときに、1日のうちに全部捕まえて20羽の尾羽の長さを測るのは大変です。実験では交尾の回数も測りますね？　そうすると、1回交尾すると、そのオスのホルモンのレベルが上がって、また尾羽が長くなる可能性も否定できません。いろいろな可能性が考えられるのです。それを考えると、相関的研究だけではダメで、やはり実験的介入をしないといけないことが分かります。

このように、実験をデザインするというのは、なかなか難しいことなのです。このようなことを考えるのが理科です。ただ考えるだけではなくて、数字で表すことも必要です。理数探究という新しい科目は、誰もがこういうことを考えられるようになるといいですね、という目的で作られました。しかし、これが必要なのは理系の人だけではありません。文系の人がアンケートを採るときも同じことが必要になるのです。

†英国のナショナルカリキュラムから

英国の理科のナショナルカリキュラムには、20世紀の終わりごろから、物理・化学・生物・地学だけではなく、理数探究とサイエンスコミュニケーションというものが入っています（これについては後の章で）。この理数探究は、物理・化学・生物・地学と同じような「科目」です。数学と理科の知識や技能を総合的に活用して、主体的な探究活動を行う、自分で考えて何かを実験し結論を得るというものです。なぜこういうものが高校の科目に入ったかというと、世界中でこの考え方が非常に大事だということが分かってきたからなのです。

それとともに、最近のわが国では、日本全体の科学知識が低下しているのではないかという危惧もささやかれるようになりました。なぜかと言うと、あれだけ小学校で理科が大好きだったのに、中学校に入った途端に理科が嫌いになってくる生徒が多いのです。子どもが科学に興味がないから、当然、大人も科学の知識が低下してきて、わが国全体の国力が低下するという危険です。この状況をどう打破すればいいでしょうか。

†SSH（スーパー・サイエンス・ハイスクール）は成功した

皆さんはスーパー・サイエンス・ハイスクール（SSH）はご存じですか。文部科学省が20世紀後半から行った事業で成功したものは数えるほどしかありません。科学館の設立とこのSSH事業がその代表にあげられています。これは、今お話しした探究的な学習を高校生にやらせてみようというもので、特徴ある理科教育をしている高校にお金を配り、ある意味競争させた結果、生徒の能力が伸びたのです。

探究活動を行う子どもは、全ての能力において普通の子どもよりも思考のレベルが高いことが分かってきたのです。例えば、「必要な実験をデザインして行う能力や図解能力が高く、データ処理能力も高い。サイエンスリテラシーというようないろな科学知識もたくさん持っている。加えて言語的知識も高く、概念の理解も非常に鋭い。もう一つ大事なのは、自分で何かを調べていくという主体的な態度も持ち併せている」ということが、米国の教育学者デビッド・ホーリー（David Haury）によって示されました。20世紀の終わりごろです。

この動きとともに何が起こったかというと、先生は学校でただ教えるだけではなく、体験学習とか、実践（自分でやってみる）、ハンズオン（何か物を手を動かして作る）を指導することが大切、という機運が高まりました。とにかく身の回りのものでいろんなことをやってみる。しかも自分一人だけではなくて、グループでお互いに刺激し合いながら行うという子どものほうが、物事に取り組む姿勢が養われることがだんだん分かってきたのです。これを受けて、日本でも高校でやりましょうということになりました。理数探究を経験することで、生涯を通して理科好きが続くのではないかという希望があるのです。

この「学びの転換」によって教え方を変えようじゃないか、すなわち探究とハンズオンを基本とするようなアプローチにしましょう、ということになった理由がありますが、お分かりになりますか。どうも子どもたちや大学生は、今教えられている理科や算数というのは日常と離れていると感じているらしい、ということが分かってきたからです。だから大きくなるにつれて科学への興味が低下してくるのではないか。小中高、なるべく小さい段階で彼らの興味のあることを教えないといけない。そういう流れになってきたのです。

19世紀前半に活躍したイギリスの科学者ファラデーは、こういうことを言っています。「子どもたちを科学に夢中にさせることのできない教育制度には、何か原理的な欠陥がある」。そのとおりですね。今までのままではいけない。そこで、これは新しい考え方ですが、勉強、つまり学習というのは、先生と生徒が1対1で相対し、結果的に理解できるかできないかは本人の努力次第だ、というものではなさそうだということになってきました。学習というのは社会的なプロセスで、お互いに学び合うことが大事なんじゃないか。もちろんいい先生と出会うことも大事だが……ということになってきたのです。

†新しい教え方、学び方

そのためには教え方、学び方を変えることが必要です。かつてうまくいったデザイン思考(design thinking)を例にとって、ご紹介しましょう。デザインというのは、単なる美的なものを追求するのではなく、現実に即して考えるべきだという例が、アップルコンピュータが開発したマウスです。このマウスによってコンピュータが誰でも使えるデバイスになりました。つまり、ユーザー視点に立って製品の持つ本質的な課題やニーズを発見し、その課題を解決するという思考法です。これを21世紀の教育に応用し、生徒側の視点に立ってICT(情報通信技術)を文房具のように日常的に使いましょう、という方針です。

もう一つは、バーチャルラボといって、実験だって自分で器具や試薬をそろえて実施しなくても、フリーソフト(free soft)を利用すればできる。例えば、化学反応をコンピュータ上でやるとか、電気回路を作るときもコンピュータ上で可能です。これらを上手に使って教育をしましょうということになってきたのです。探究というのは、これからお話ししますけれども、自分でアイデアを出し、知らないことについて自分で答えを見つけていくことです。これからは探究的な学びが勉強の主力になっていくのです。

大切なのは、知識があることではなく、疑問を持って調べることなのです。この態度が非常に大事で、皆さんよく知っているように、『チコちゃんに叱られる！』という番組は結構人気がありますね。なぜかというと、不思議だなと思うことがあったら、それをちゃんと自分で調べていくことが主題になっているからです。そのやり方自体が面白いから、番組が成立しているわけです。

別の方針で人気のある番組もあります。この番組はただ知識だけを、これ知っていますか、知らないですか、と問うものです。番組の中身のほとんどは、たとえて言えばワンクリックで答えが出るものです。こういう知識というのはコンピュータがあればもう不要です。このような知識を覚えていても何の役にも立たないばかりか、応用もききません。分かりますね。だからこれからの時代に必要とされる知識というのは、そう簡単に紙やインターネット上に書いてあるものばかりではありません。全く新しい状況が出現し、それに対応するための知識です。この場合には、まず疑問を持ち、それを解決するために自分で調べていくことが大事なのです。つまりネットに書いてあるような知識は、ＡＩが代わりにいつでも答えてくれる時代が必ず来ます。そう思いませんか？

皆さんご存じだと思いますが、ＩＢＭにはＷＡＴＳＯＮという人工知能（ＡＩ）を搭載したスーパーコンピュータがあります。あるときお医者さんを呼んで、ＷＡＴＳＯＮとお医者さんが競争したのです。どういう競争をしたかというと、ある病気の人の症状をどんどんと並べ、最終的にそれが何の病気ですかというクイズ番組みたいなことをやりました。そうしたらアメリカの素晴らしいお医者さんたちよりもＷＡＴＳＯＮが勝ったのです。このままだと医者という商売は不要になるはずです。だって症状さえ分かればコンピュータが全部答えを出してくれる。そんな時代が来ているのです。

皆さんの周りには、お医者さんになろうと思っている人がいっぱいいませんか？　専門知識を活《い》かす職業なので給料も高いだろう……というわけです。しかしこの状況が、あと何年もつか、というところです。ＡＩが代わりにやればいいことは、いっぱいあります。薬剤師さんも、もうすぐ要らなくなるはずです。薬学部が全く不要になる、と言ったら驚きますね。そうでしょう？　症状が分かれば、ＡＩが「この薬」、というようにさっと出してくれるのです。他にも、「Ｇｏｏｇｌｅについて調べて、ポスター作って」とＡＩに言うと、「はいっ」と答えてすぐ作ってくれる、そういうことが当たり前になります。だから、ある細かい知識を覚えていてもしょうがないのです。未知のこと、今まで起こったことがない事件にも的確に対処できる能力を持つ人にならないといけないことが分かりますね。

†「探究的な学び」の必要性

なぜ探究的な学びが必要なのかというと、こういうことです。例えば中高で探究を勉強するとします。そうすると研究者になるには、大学1年、2年、3年、4年、そして修士1年、2年、博士1年、2年、3年と、積み上げて研究を行い、最終的に研究者になっていくわけですが、中高で探究を勉強すると、その後のいろんなことに役に立つのです。

大学1～2年生というのは、広い教養や知識を学ぶ時期です。なぜ、あまり役に立たなそうなつまらないことを、と思うかもしれませんが、断片的な知識ではなく人類の英知として時代を超えて蓄積されてきた分野融合的な知識（これを教養と呼びます）を学んでいると、将来役に立つのです。専門に関係ないことを知っているということが、その人の余力、つまり余裕になるのです。専門のことだけを知っている人は専門バカと言われてしまいます。人間は、それ以外のことをどれくらい知っているかによって、将来お金持ちになれるかなれないかとか、良い伴侶に恵まれるかどうかとか、そういう人生で重要なことが決まると言ってもいいのです。窮地に陥ったときに、あなたが広い知識を持っているかどうかということが、すごく大事なのです。

例えば大学4年生になると卒業研究といって研究室に入って勉強する時期があります。そういうときに、大学1〜3年で得た広い知識がないと新しいテーマなど見つかりません。しかも中高で探究の勉強をした人は、未知の事柄にどうやってアプローチしたらいいかが分かっています。大学は、自分で道を開くことを覚える最初の時期なのです。

大学を卒業したあと大学院へ行くかどうかは人によって違いますが、大学院の勉強のことも一言追加しておきます。大学4年間で、いろいろな授業を皆さん履修すると思います。これも非常に大切なことなのですが、修士になると、もっと違う力、何でも知る力だけではなく、他人・同僚から学ぶ力や、意欲的に自分で調べる行動力が大事になってくるのです。博士へ行くと、がむしゃらに集中する、何かに専念する、この力がないと、博士号は取れません（これについては第3章でも論じます）。もちろん、このことプラス信頼できる指導教員がいないと良い研究者にはなれません。

このように、学ぶ場所、学ぶ時期によって、いろいろな新しい力を獲得し、これらの総合力で皆さんの人生が決まっていくのです。だから大学生になったら遊ぼうなんて言っている人は、将来ろくな生活しか待っていないと思ってください。将来の収入などは、だいたい人生のこの辺で決まってしまうのです。

†理科の教科書東西比較

イギリスの理科の教科書について、例をちょっとご紹介しましょう。これは中学生の教科書だと思ってください。理科の教科書の1ページ目にこういうことが書いてあるのです(図1-1)。

まず地球の写真が載っている。「雲というのは水の蒸気でできています。大気圏、空気があるのはだいたい地上の15㎞くらいです。地球の直径は1万2000㎞です」こういうことが書いてあるのです。そうすると1万2000と15を比較すると、空気のある場所というのは、地球の直径に比べてほんのわずかなところだと分かります。そうすると地球の写真があって、雲があるけど、雲ってそんな地球の上のほうにあるのではなくて、地球を

雲というのは
水の蒸気で
できています
大気圏、
空気があるのは
だいたい地上の15km
くらいです
地球の直径は
1万2000kmです

図 1-1　イギリスの中学生理科の教科書 1 ページ目には……

覆う紙一枚の、ぺらぺらの紙みたいなところが雲だということが、数字を見れば理解できます。そういうことを数字から類推するということが理科を学ぶ上で大切になります、と英国の教科書は言っているのです。

これを見てお分かりのように、英国の教科書は最初から何かを教えるのではないのです。こういうことを見て考えていくことが本当の理科です、と言っているのです。次には、こう書いてあります。「この地球にはいろんな鉱物があって、同じ鉄でも、黄色い黄鉄鉱とか赤い酸化鉄があります。黄鉄鉱というのは酸素のないところで作られました。酸化鉄は酸素があるところでしか作られません。酸化鉄が20億年前にでき、黄鉄鉱ができたのはそれ以前とすると、これから何が分かりますか」。

地球が46億年前にできて、地球上に酸素が生じたのはシアノバクテリアが地球上に生まれて光合成が始まったからです。そのため酸素がだんだん増えていったのです。つまり酸化鉄があるということは地球上に酸素があった証拠になります。地球ができた46億年前には酸化鉄はなかったので、酸素がなかったことが分かります。すなわち、酸化鉄が20億年前、黄鉄鉱がそれ以前にできたとすると、酸素が約20億年以前にできたということが分かるのです。このように、たった2つの記述でも、地球の状況や成り立ちが何となく説明できる、なかなか良い教科書です。

2~3ページ読み進めると、次のようなことが書いてあります。「2010年、アイスランドの火山が爆発して大量の火山灰と微粒子をまき散らしました。この爆発で被害を被ったのはアイスランドの人たちだけではなかったのです。その理由は何でしょうか」。

このような問題です。皆さん、火山が爆発したことを知らなくても、ヨーロッパの地図を思い浮かべないとできないし、火山灰が出たときに、どんなことが起こるかを類推しないといけないでしょう？　それが理科です、というわけです。理科というのは細かいことをいちいち覚えるだけではないのです。科学が社会と密接に関係しているということなのですね。

結果的には、アイスランドのエイヤフィヤトラヨークトルという火山が爆発したのです。この火山が爆発すると、爆発した時に出た煙やいろいろな塵《ちり》がヨーロッパ中に広がって、爆発の4日後には領空封鎖という国が増えました。広い地域に細かい火山灰が飛んだために、飛行機は飛べなくなったのです。なぜ飛べないかというと、火山灰がエンジンの中に入ってしまうと、エンジンが停止してしまうからです。そのため広い範囲に影響が出ました。部分封鎖の地域を含めると、ヨーロッパ全体が機能不全に陥ったのです。たった1つの火山が爆発したために、こういうことが起こりました。火山灰によって人間の移動が妨げられましたが、気象の知識のおかげで大きな事故を未然に防ぐことができました。すなわち私たちの身の回りの気象というのは、狭い地域のことだけでなく、地球全体のレベルで考えないといけないということが、これで分かります。広い視点を持つということが科学の本質なのです。

読み進めていくと、こういう問題もあります。「日光が地球の地表を不均一に暖めて、北緯・南緯30度付近に砂漠を発達させている。それはなぜですか」。確かに赤道の周りには砂漠がないですね。サハラ砂漠とかゴビ砂漠というのは、赤道からちょっと北と南に離れたところにあります。それはなぜですか、という問題です。

こういう問題には、すぐに答えられないでしょう? だけど、そういう大きなレベルで、ものを考えるということが大事です。赤道付近には温かい湿った空気があります。それが上昇します。赤道付近に上昇してそのまま空気がその地点にとどまっているかというと、そうではなく、北と南に分かれて流れていくのです。これをハドレー循環と言います。両極方向へ流れるけれども、上昇するにつれて冷やされて水分を失います。その水分を失った空気が北緯30度・南緯30度付近(中緯度高圧帯)で降りてくる。つまり乾いた空気が下がってくるので、そこに砂漠ができるのです。こういうふうに論理的に説明できましたか、皆さん。こういう地球全体の空気の動きを知らないと、こんな簡単な問題も解けないことになります。

†中高で理数を学ぶ意義

そこで中高で理数を学ぶ意義は何かというと、ちょっと気が付くことはいっぱいありますね。実生活に役に立つからとか、そんな小さなことだけじゃなく、もっと広い目でいろんなことを見ましょうということが大切なのです。科学技術に慣れることも大事だし、将来、理科職離れ、つまり理科の職に就きたくないという人を少なくするためにも、理科を勉強するのですが、身の回りのことを理科で説明できると、だんだん科学に対する興味がわいてきて、自分の健康や地球環境、宇宙のことまで知りたくなります。そして、得られた科学の知識を使って理想の社会をつくることができるのです。

なぜ理科や数学を学ぶかというと、私たちの生活だけでなく、社会のしくみを良くするために学んでいるのです。すべての子どもが、そう言えないといけないのです。だから単に細かい数字を覚えるというのは、東大王になるようなものです。えらくもなんともない、単なるミニコンピュータです。それじゃダメなわけで、チコちゃんみたいに、不思議だと思ったら自分で調べていくという、そういう試行の積み重ねが、良い社会をつくることになります。

文部科学省が新しい21世紀型の人間像を、かつて発表しました。こういう人になってほしいというのは、「国家存立の基盤となる高度な科学技術知識の保持と、高い見識を持った人」そのとおりですね。地球全体では人口は増えているけど、日本人は数が減っています。その中で日本が生き残っていくためには、高度な科学知識を持っていなければいけないし、もう一つ大事なのは、高い見識を持っていないといけないのです。安全かつ豊かな国民生活を目標に、しかも国際性と地域特性を考慮して、日本だけが独自でできることを考えないといけない。また世界中のみんなと仲良くしないといけない。もっと大事なのは、新しい問題に立ち向かう意欲と創造力を持つことです。これがないと日本人も国もダメになってしまいます。

ところが今の日本人、日本の子どもたちは、何が問題かというと、主体的な学びへの関心のなさです。どういうことかというと、自分で何かを調べようとしないのです。先生に言われたことだけやる。与えられたことのみを学ぶ姿勢が顕著であるところが問題と言われています。もう一つは、論理的な思考からの逃避といって、頭を使って考えると嫌になってしまう点です。だから中学校あたりで論理でものを考える物理とか数学が嫌いになるということになります。

また、自ら創造する力に乏しい。これもそうですね。世界の国の子どもたちに比べて、日本の子どもは、クリエイティビティーがないし、海外に飛び出す意欲もない。こういう現状を何とか改善しましょうということになりました。困りましたね。大人も子どもも、自分で何かを決めたり、新しく作ることが少なく、人が決めたことに乗るのは楽で大好き、これが今の日本人です。ただ規則を守るのではなく、規則を作る側になってほしいのです。

†フェルミ問題

ちょっと考える例を示しましょう。未来に生き残っていくためには、今から示すフェルミ問題などが簡単に解けないといけないのです。「標準的な郊外の住宅の庭で夏に生えている芝生の葉っぱの枚数は全部で何枚くらいか見積もって下さい」。これが問題です。庭にこれだけ芝生があったら、この芝生の中に葉っぱが何枚あるか、自分で計算してごらん、という問題です。

こういうのを自分の頭で類推できるかどうかが問題なのです。およそ何枚あるかということが答えられないといけません。それも短い時間で答えられますか。そんなに難しくないでしょう?

だって考えてみれば、大したことのない問題です。1センチ四方の芝生を考えたら、1センチ四方に芝生の葉っぱ何枚あるか、大体分かりますね。例えば各辺に10枚とすると、1平方センチ当たり100枚あるということが分かります。そうすると、1平方メートルには100万枚ある。計算すれば分かりますね。平均的な庭の大きさは約50平方メートルくらいだから、掛け算すると5000万枚くらいかという大体の見積もりが得られます。これができるかできないかで、その人の能力が分かるのです。大きな数が出てきたときに、どうすれば簡単に見積もることができるかは、先の見通しにも非常に大きく役に立つのです。

でも、これ、本当に正しいでしょうか。私も、これを頭の中で考えたのですが、せっかくだから近くの芝生を見たら、ちょっと違っていたのです。1平方センチ当たり、葉は20枚くらいしかない！ 論理では100枚だが、実際は20枚くらい。だったら他の数字も違ってきますすね。50平方メートル当たり、1000万枚くらいということが分かります。とすると解答は1000万から5000万の間になれば、それが正解と言えるのです。これが当てずっぽうに、100億枚あるとか、いやそうじゃない、100万枚しかない、などと答える人は、全然、推論能力がないということになります。数字の桁数が違っているわけですから、これはまずいですね。だからフェルミ問題をやってもらうと、その人のだいたいの能力が分かるのです。

†高校生による「探究」の例

そこで私もいろいろな高校に行って、生徒さんがどういう探究をしているか見てきたのですが、面白い例をご紹介しましょう。これは探究活動で有名なH高校というところの生徒さんがやっていたことです。

どういうことに疑問を持って探究しているのかなと思ったら、1番目は、落とした食べ物が床に接触する時間と繁殖する細菌類の量の関係を調べた探究活動です。例えばパンを床に落とすと、細菌が何個付くかという問題です。パンが下に落ちてから3秒以内でぱっと手に取るのと、落ちてから1分そのまま置いて取るのと、1時間置いて取るのでは、パンの表面に繁殖する細菌の数が違うかどうかを調べたい。これは身の回りの疑問として面白いですね。

2番目の探究は、よくテレビなどに出てくるレシチンという物質の効果を見たものです。ジャムなどいろいろな食べものに入っているレシチンが植物の伸長に与える影響を見た探究です。レシチンというのは何か体にいいものらしいと生徒が感じ、それなら植物に与えたら植物が伸びるかなという疑問があって、それを実験したのです。これもなかなか面白いですね。

3番目はメダカの走性についてです。丸い水槽で飼っているメダカを使ってどうするかというと、水槽の水をぐるぐる回すと、メダカはどちら向きに泳ぐかなとか、水槽の水をぐるぐる回すのではなくて、水槽の外に紙を置いて紙をぐるぐる回すと、メダカはどちらの向きに泳ぐかな、など視覚と触覚の関係を調べたものです。生徒の疑問から始まる探究は、結構面白いですね。

4番目の生徒の疑問は、鳥の足の大きさは何で決まっているのかな、というものです。これだって不思議です。ただ体の大きさで決まっているのか、重心の位置か、足でつかむ物によって違うのか、などいろいろ検証すべきものがあります。

生徒はそれぞれ疑問を持っていて、どう解決するかということも私たちには興味があります。結論は簡単に言いますと、1番目は長い時間接触すると細菌の数が増えた、という当たり前の結果になりました。それはそうですね。汚いところに長時間置けば、細菌はたくさん付きます。

2番目の生徒は豆苗で実験をしました。水栽培できるからで、レシチンを加えると伸びたという結論が得られました。仮説があって、それをちゃんと実験で確かめましたという結果です。私は、これも素晴らしい探究活動だと思います。

3番目の結果は、メダカは水流よりも背景の流れの方向につられて泳いだ、という結論でした。これは一見、常識と異なる新しい発見です。実際の水の流れではなくて、背景を見ただけで、つまりメダカは視覚によって泳いでいるということが分かったのです。これも立派な探究ですね。

4番目は、鳥と重心との関係を考察したが、重心との位置関係は足の大きさとは無関係で、結論としては何で決まっているか分からなかったということになりました。残念な結果ですが、仮説を立てて考察するという点では、立派な研究です。

†「3秒ルール」をどう探究する?

皆さんは、この4つの話題だったら、どれが面白いと思いますか。私は1番目か4番目が面白いと思います。2番目と3番目は、何かやってみれば答えが出そうだという感じがしますね。そうでしょう? プロと言うのもおこがましいのですが、私の感触では2番目、3番目には食指をそそられないのです。探究というのは、本当に素朴に疑問だと思っていることを調べることが大事なのです。

別の学校でも1番目と同じようなテーマで調べた生徒がいました。誰でもこういうことは考えつくのですが、この生徒はパンを落としたときに床に接触する時間と繁殖する細菌類の関係をもちろん調べて、さらに、別のことにも気づいたのです。「3秒ルールというのがあるぞ」と。3秒以内にパンを拾えば、細菌は付かない、3秒以内だったらセーフ。このうわさを知っていたので、実際に実験を行うときに3秒以前と3秒以後というふうに分けて調べたのです。なかなか面白い見方ですね。

しかし調べていくと、もっと面白いことが分かってきました。3秒ルールが本当に正しいかどうかというのは、実験してみれば分かることです。細菌の数を調べるというのは、ちょっと難しいのですが、シャーレに寒天をひいて、そこに細菌が何個生えるかということで計算することができます。結果、3秒ルールは実は間違いだということが分かった。予想だと3秒以内だったら細菌は付かないだろうと思っていたのに、実際にやってみると、ほんのちょっとの時間でも細菌が付着し、時間がたてばもっと付着することが分かった。ここまではH高校の生徒と同じです。

しかし、これだけでは何も新しいことがありません。やはりプラスアルファがないと、オリジナリティーがあるとは言えないのです。この生徒は、「アメリカでは5秒ルールというものがある。日本は3秒ルールで、アメリカは5秒ルール。これはなぜだろうか」。こういうところに気づくのは面白いですね。つまり、なぜ日本が3秒でアメリカが5秒なのか、アメリカ人の方がのろいのではないかという仮説も成り立つかもしれない。日本人の方が敏捷《びんしょう》だったら面白いですね。探究のオリジナリティーというのは、こういうところに気づくかどうかなのです。また、どこに落としたかということも大事で、じゅうたんか畳かフローリングか、どこに落としたときに一番細菌が付きやすいのだろうか、こういう疑問がどんどん出てきます。そうしたら自分でその疑問を解決する手段を考えればいいのです。

皆さんだったら、じゅうたんと畳とフローリング、木の床ですよね、どれに一番細菌が多く存在すると思いますか。誰が考えても、じゅうたんが汚いのではないかと思うでしょう。しかし答えは違っていたのです。フローリングでした！　こういう「あっ」と驚くような答えが出てくるのは、このアイデアが秀逸だからです。そして最後に、一番汚れていたのは、パンをつかんだ生徒の手だということが分かった、と書いてありました。これはオチですね。面白いオチです。フローリングに落ちた時に一番細菌が付着したということも面白いし、このオチも面白く、これはなかなかいい研究だと私は思います。

このように探究活動というのは疑問を持って自分で調べることなのですが、今までは調べ学習といって、何か調べればそれでよかったのです。文献調査とかコンピュータで調べればそれでOKという教育が行われてきました。しかし、探究は違います。探究とは、自分で課題を設定して、自分で調査や実験を行う。ここが面白いところです。いわば、アイデア勝負です。このアイデアがいいか悪いかで、いい探究かどうかが決まりますし、このような経験を積み重ねると、上の学校に進んだときの研究にスムーズに結び付くのです。大学へ行き、大学院に行って、そのあと研究者になってみると、この探究と同じことをやっていることに気づきます。

もう一度言いますが、パンを落とすと細菌が付くか、ということは誰でも考えつくことです。じゅうたん、畳、フローリングではどうか？　という新しい課題を設定することが大切なのです。単に3秒ルールを証明するかどうかは、研究でも何でもありません。これ以降のところにオリジナリティーが必要なのです。また、なぜかということをしつこく調べないといけません。オチも大事ですが、そうそううまいオチはありません。そう考えると、探究というのは、思いがけない楽しいことがあるということを分かってもらえるといいですね。

†アイデアだけでなく質も大事

そこで真剣な話に戻りましょう。皆さんは4つの探究のうち学問的なのはどれだと思いますか。こう聞くと2番目（レシチン）と3番目（メダカ）があがります。1番目（パン）と4番目（鳥の足）は楽しいけれども、学問になるのは2番目、3番目でしょう、と思いますね。

レシチンで植物が伸びたのも、どうも当たり前みたいな結論です。顕微鏡で観察すると細胞分裂が活性化したということが分かり、これは新しい発見なので良い研究です。一方、メダカについても、水を流すだけよりも、背景を見ただけで、それを見てメダカが泳ぐという結論は面白いですね。こういうのも新しい実験結果だと思うかもしれません。

ところが科学的にみると、例えば2番目の探究だと、レシチン添加で豆苗が伸びたことは分かる、細胞分裂が活性化したのは分かる、しかし何が起こったのかというと、それは分からないわけです。まだこの段階では研究の本質には、つながっていっていないのです。伸びたのは細胞分裂活性化のせいですが、1個の細胞が伸びたのかもしれない。そういう仮説で両方調べることも大事だし、レシチンを加えたというが、本当にレシチンの効果なのか、レシチンに水が加わって、何か別のものに分解されて、分解されたものが伸ばしたのかもしれない。だから本当の研究には、まだ2番はたどり着いていないのです。

3番目についても、良い研究と言いましたが、これは実は有名な実験で、もう既に論文があるのです。だからまねをしたのと言ってもいいのです。しかしそれを知らない人は、大発見ではないかと思うのですが、ここが難しいところです。高校生が昔の研究をまねてでも「しっかりやった」と本人のやる気をほめて、エンカレッジするのがいいか、サルマネと断言するか、たぶん結論は出ないのではないでしょうか。

そこで私の結論としては、本当にオリジナリティーのあるアイデアがある探究は4番目の可能性が高いと思います。しかし内容不足は歴然としており、結論はつまらないものでした。足の大きさと重心とは無関係だったというだけで、何が足の大きさを決めているかという当初の疑問には答えられませんでした。だから4番目も、研究としては面白いのですが、まだちょっと足りないのです。

ここまでの高校生の探究例は、それぞれ非常に面白い視点を持っています。これで分かるように、テーマを見ただけで面白そうかどうかが分かります。読者の皆さんは、**図1-2**にあげた6つのテーマがあったら、どれが一番面白いと思いますか？　もし皆さん

1. ピタゴラスとは誰？
2. iPadは自分の位置をどのようにして知るのか？
3. 日本による韓国統治とは何だったか？
4. 木は考えるか？
5. なぜ人は夢を見るのか？
6. 海賊は臭かったか？

図 1-2　高校生の探究、たとえばこのようなテーマは？　「進化は万能である」マット・リドレー（2018）より改変

だったら、どれをやってみたいなと思いますか？

「ピタゴラスとは誰」という問題や、「iPadは自分の位置をどのようにして知るのか」というのは、疑問としては面白いですね。「日本による韓国統治とは何だったか」これは社会科の問題です。昔、日本は韓国をある意味併合していたような時期があったので、そのことについて調べたいというものです。4番目の「木は考えるか」、これも面白そうですね。5番目、「なぜ人は夢を見るのか」これも皆さんが持つ疑問です。6番目の「海賊は臭かったか」は楽しそうです。

大学生に聞いてみると、「海賊は臭かっ

たか」に興味を持つ人が多いのです。高校生ではどれが一番多いと思いますか？　ある一つがものすごく多かったのです。高校生の持つ疑問というのは、大人の持つ疑問とちょっと違うのかもしれません。皆さんだったらどれをやりたいですか。実は一番多かったのは、5番目の「なぜ人は夢を見るのか」でした。この問いは、意外にも高校生のもつ疑問としてかなり多いということが分かりました。

†探究コンテストの入賞例

最近では、昔の自由研究のように、高校生の探究コンテストが行われるようになりました。とてもいいことで、生徒さんのやる気にもつながりますし、何といってもこれからの大学生に必要な知識、そして研究の作法が身につきます。探究コンテストの入賞例というのは、本当にオリジナルでいい研究が選ばれているのです。ちょっとご紹介しましょう。

図1-3を見てください。これは地域性があると褒められた探究の一つです。「総合大学設置による奄美の人口減少対策」がテーマです。奄美大島にある奄美市の人口は2010年に4万6000人余りでしたが、2015年には3000人くらい減ってしまいました。奄美大島に大学がないので、高校生の6割近くは島の外へ行ってしまうからです。い

図 1-3　高校生の探究の実例①

ったん外に出ると、もう帰ってこないことが多いのです。だから奄美大島には若い人が少ないのです。

そこで人口減少対策として奄美大島に大学をつくったらどうかというのが、この高校生の考えたことで、そこで調査をしたのです。地方で大学を設置した例を調査すると、確かに大学をつくれば経済効果がある。もう一つ良かったのは、大学生がたくさんいるから、大学生が逆に小中高生に英語を教えるなどという効果もあって、大学を設置した例では、良いことがいっぱいあったのです。

こういうことをきちんと調査したこの高校生は、奄美に大学を誘致すれば全てが解決します、人口減少対策にもなりますという結論を出しました。たぶん地方創生という意味で賞をもらったのだと思います。これだけ調べたのですから偉いね、という意味です。

しかし、ここまで調べたのなら、もう一息頑張ってほしいというのが私の考えです。どう頑張ってほしいかというと、地域の利益にもなる提案で、奄美大島にとって非常に良いことなのですが、こんなきれいな場所だから観光客だけではなく大学も来てくれるともっと良くなる、という良いところばかりでなく、問題点も指摘してほしかったのです。

もし私がアドバイスをするとすれば、地域の発展に貢献しようという意欲はいいのだが、大学をつくるためのお金はどこから来るのか。人材（教員）の確保も大丈夫か。島の大学に素晴らしい先生が本当に来てくれるか。そもそも奄美大島に大学をつくっても、何が目玉でどのような学生が来るのか、というところが問題です。奄美大島に大学をつくる理由がないのです。奄美の人にとってはいいことですが、そこに来る先生とか、そこに来る学生にとって、奄美に来るインセンティブというか、奄美に来たい理由がないわけです。つまり何か特色がなければ、そこに来てくれません。だから、プラスアルファとして、奄美大島に大学をつくるのなら、こういう大学をつくらなければいけないという特色を書かないといけないのです。

沖縄だったら前例がありますね。沖縄科学技術大学院大学は、世界中から先生を集めて授業を英語で行っています。そうすると、そういうところで勉強したいという学生や研究者が集まってくれる。結果的に良い先生も来たのです。しかし、奄美大島で、ただ大学をつくれというのではダメなので、こういうアドバイスも必要になります。

また次のような発表もありました（図1-4）。「簡易組織培養法を開発し、絶滅危惧種ナガサキギボウシを救え」という題でした。ナガサキギボウシという植物をうまく増やす組織培養法を開発して、絶滅危惧種をなくすという非常に良い取り組みです。カルスとい

テーマ　簡易組織培養法を開発し、絶滅危惧種ナガサキギボウシを救え

背景　カルスを使えば絶滅危惧種も救える

実験　工夫した簡易培養法でカルスをつくり、個体にまで再生させた

評価
◎実験の工夫がすばらしい
◎実際に、個体数が少ない品種を再生でき、種の保存に貢献した
◎言うことなし

図 1-4　高校生の探究の実例②

う培養方法で個体まで再生させたものです。高校生としては出色の出来栄えで、地域性があり、科学的にもしっかりしていて、生物多様性にも関係しているすばらしい発表でした。難を言えば、ちょっと題名が長すぎます。題名に読点を付けてはいけません。もし題名を変えるとすると、「簡易培養法でナガサキギボウシを救う」くらいにしたほうがいいですね。

これは実験の工夫がすばらしくて、実際、個体数が少ないナガサキギボウシを再生して、種の保存に貢献したので、もう言うことはありません。この発表は新聞にも出たのです。高校生でも生物研究に貢献ができるということで、他の生徒の励みになったのではないかと思います。

†大学入試を変える

教科書の東西比較の項でも感じた通り、我が国の高校の理科教育にはいろいろと問題があったのですが、理数探究の導入で明るさが見えてきました。昔からある物理・化学・生物・地学の枠組みは何年たっても変わらないし、それを変えるには大学入試を変えたほうがいいのではないかという考えが当然出てきます。

入試をどう変えたらいいでしょうか。もちろん全科目必須が目標です。地学を勉強しないで社会に出る学生がほとんどですが、地震のことを知らないままの日本人でいいでしょうか。生物を知らない医者がいていいのでしょうか。また、入試を変えるのも至難の業なのです。大学は、受験料や入学金で生計を立てていると言ってもいいような企業です。多くの人に受けてもらうために、受験科目をただ減らすような私学も多いのです。入試方法を多様化して、何とか入ってもらうことに汲々《きゅうきゅう》としており、理解力のある学生を育てる気概もありません。

例えば、ＡＯ入試というものがあります。一般の試験を受けるのではなく、面接や高校生の時の賞取得経験などを考慮して入学者を選抜するものです（これに探究コンテストが使われることがあります）。また一芸入試といって、特殊な能力を一つ持っていれば大学に入学させる、ということも行われています。これは大学の宣伝です。これらはすべて、期待していた効果が出ないことが、分かっています。そもそも一般の入試も突破できない人が大学で伸びるわけがありません。

こういう例をご存じですか。何人かの中からリーダーを選抜しましょうと、ある会社が行ったことがあります。初対面の８人の学生を呼んで、ある課題を与え、それを採点してその中からリーダーを選びたい、とその企業は考えました。そういうことは、よくありますね。このときどうしたかというと、評価者、専門家を2人呼び、その8人の学生のうち誰が一番リーダーにふさわしいかを、ずっと観察してもらいました。2日か3日間、いろんなことをやらせてみて、リーダーにふさわしい人を選んだのです。

そして、この8人が会社に入ってきました。選んだ人が本当に会社でリーダーになったかどうか、数か月後、結果が知らされました。評価者の予測能力はゼロだったのです。すなわち、最初、この人はリーダーにふさわしいと思った8人のうちの1人は、会社に入った途端に、全然リーダーに適格ではないということが分かりました。試験のときには2人の専門家が、その8人の言動から、誰がリーダーにふさわしいかと、しっかり観察していたのです。しかし、ずっと観察していたにもかかわらず、ちゃんと予測できなかったのです。それほど人の能力を予測するということは難しいのです。だから、入試でたった1時間の面接でその人物が分かると思いますか？　絶対に分からないのです。

こういうことはいっぱいあって、株式投資のプロの話もしましょう。どの株が上がるかというコンテストをしたのです。夕刊フジでは毎月やっていますね。だいたい素人が勝っています。コンテストのときに、もう1人専門家と言ってうそをついて、本当はさいころで、どの株が上がるかを決めてやった実験があります。その結果、プロの専門家とさいころを比較すると、実はさいころのほうが勝っちゃった、ということがありました。株式投資のプロというのも、いいかげんなものだということが分かりました。

話は元に戻りますが、大学入学試験というのは、なるべく多くの科目を使って筆記試験をすることが、最良のいい人を選ぶものだということになります。だから今、大学の入試にいろいろな試験科目があるわけで、入るのが難しく、良い大学と言われているところほど科目負担が大きいのです。

大学は儲けなければならないという経済的な問題と、出題・採点する人がいないという現実的な問題から、試験科目を少なくする大学が多くなりました。文系だと数学を抜いたりする大学が増えたのです。そうすると結果的に勉学意欲のない学生しか集まらなくなりました。つまり楽なところに来ようとする学生は、しょせんダメな学生で、入ってからも手がかかります。そういう大学は淘汰されるようになりました。

私の個人的な意見をもう一つ追加しておきます。大学生、特に研究に従事する人は、幅広い知識を持つと同時に、実験の手際が良くないといけません。大学入試に、手技をチェックする項目があればいいのに、といつも思います。それは、決まった時間内に実験を仕上げるとか、計画を立てるというものですが、これには評価する人間が必要で、入試には合わない、と思われています。今後はこういうことも考えて人材を採っていくことも必要になるのではないでしょうか。

これらの意見の一部は、ダニエル・カーネマン（Daniel Kahneman）というノーベル経済学賞を取った人が言っていることです。

結果的に一芸入試とかAO入試というのは、しょせんその程度の学生しか集まらないことが、だんだん分かってきて、試験問題は全て筆記にする大学が多くなりました。

どうしてこうなったか分かりますか？　一芸入試の人は、一つのことしかできないので、他のことを学ぶ意欲があまりないのです（もちろんそうでない人もいますが、大多数は難しいことにチャレンジしません）。何度も言っていますが、自分に関係のないことをやる意欲がある人ほど、伸びていくのです。要するに余裕です。余裕がないと広い視野を持つことができず、狭い世界で一生を終えることが多くなります。入試で人を選ぶときから、意欲のある人を選ばないといけないことが明らかになってきたのです。

†日本の理科教育、ここがモンダイ

そういう意欲のある人を選びたいと、全ての大学人が思っています。ところが、小中高の理科では何が問題なのでしょうか。どうして意欲のある生徒が育たないのでしょうか。

先ほども言いましたが、一番知識意欲のある時期に、物理・化学・生物・地学（物化生地）のどれかを学ばないで社会に出て行く、これは非常に危険なことです。高校生のほとんどが、受験のために物理・化学を選ぶ人が多いのですが、逆に言うと彼らは、生物や地学のことを全く知らないわけです。ということは地震が起きても、大災害が起きても、メカニズムどころかどう逃げていいかも分からないという人が多くなるのです。また新型コロナのようなパンデミックが起こった時に、自分の身体やワクチンのことを知らないと簡単に感染してしまいます。これは、我が国にとってまずいことだと思いませんか？　だから、これから日本を背負っていく人を育てるためには、受験科目をなるべく多くすることが必要だと言われ始めたのです。

もう一つの問題は、高度な知識を教える専門家がいないことです。特に小学校で理科を教えている先生は、文系の教育学部を出た先生が多いのです。5、6年生はこれではダメで理科専科の人が必要だということになりました。2022年度から小学校高学年で教科担任制が導入されることになりました。

もう一つ、我が国の理科や数学の教科書の中に、社会との関わりがほとんど書いてないのも問題です。科学の有用性もほとんど書いてないのです。これではダメですね。「科学のヒーローって誰かいますか」と聞いても、答えが返ってきません。日本にほとんどいないことも問題です。

だから小学校でも3年生のはじめから理科を教えるには（理科は3年生から始まります）1、2年生は生活科という理科と社会が混ざったような教科を学ぶようになっています）、専任の教員が必要だ、理科を専門にした先生にしなければとか、少し余りつつある博士号取得者を小中高等学校の先生にしなければいけない、とみんな言うようになっています。

さらに、理科を社会性があるものとして教えることが必要です。例えば物理と人間生活、化学と人間生活、生物と人間生活というように、われわれの身の回りのことと科学を結び付けるようにしないといけないという方向に変わってきました。

皆さんの身の回りに、科学のヒーローはいるでしょうか。誰がいるかというと、山中伸弥《やまなかしんや》先生がいます。米村《よねむら》でんじろうさんも科学の楽しさを教えてくれるヒーローですね。さかなクンももちろんヒーローです。かつては茂木健一郎《もぎけんいちろう》さんも科学のヒーローでした。今でも頑張っていらっしゃいますが、少し科学から離れているようです。だけど、それ以外にいますか？　いないでしょう？　日本の現状は、この4人くらいなのです。これはとんでもない話ですね。そうでしょう？　このような人になりたい、という人がいないのです。

そこで、私が考える小中学校、高校、特に理科として足りないものは何かというと、まず、医学のことはあまり教えられていません。生物は動植物がほとんどで、人体や微生物は置き去りにされています。人間の健康が一番大事なのに、それを教える教科がないというのも不思議なことです。次に、運動や栄養のことを教えていません。死ぬまで人間が行うことといえば、食べることと動くことです。

この他に、統計学、脳科学、心理学などがありません。なぜ「理数探究」と数学が入るかというと、科学的データの処理には必ず数学、統計学が必要になるためです。理科には数学的な頭が必要です。これらに加えて薬に関係する化学もないし、ビッグデータ解析もない。情報もろくにない。倫理がない。ないものだらけですが、こういうものを少しずつ入れていかないと、これからの社会に合った理科教育・数学教育とは言えなくなるのです。また、教員も物化生地の領域でしか採らないと、新しい分野を教えることができません。先ほど述べた博士課程修了の人材を教員にリクルートすることが、必ず重要になります。

†探究の問題点とオリジナリティー

そこで高校生の探究コンテストが増え、この結果を大学推薦入試に使ったりすることが多くなってきたので、また問題が出てきました。コンテストといっても、私のようなある程度科学が分かっている人間が採点するわけですから、いいかげんな研究は採択されません。賞を取るようなものはちゃんとした研究が多いのですが、困ったことが起きてきました。それは、ある既存の研究のまねをする高校生が多くなってきたのです。多分、本人ではなく指導する先生がまねをするらしいのです。

コンテストには、いかにも大学の先生が教えたような専門用語を、中学生とか高校生が使ってくるのです。こういうのがあると、これは誰かに言われてやったのだな、ということがすぐ分かります。この程度はかわいいものです。実際には、大学にしかないような装置を使った研究や、いかにも先生が書いたような難しい文章が並びます。そうなると、オリジナリティーがどこにあるかということを調べるのが難しくなっているのです。

簡単な例をご紹介しましょう。この例は、実際に提出されたものとは違うように書いてあります（正確に書くと、どこの誰の研究かがわかるので）。今から50年ほど前に、ある動物を使った興味深い行動実験が発表されました。それは動物に身の回りのいろいろな物質を投与して行動を解析したものでした。例えば、マウスに酒を飲ませて歩き方を調べるような楽しい実験でした。多分、このことを知っていた教員（または生徒）は、マウスにお父さんのビールを飲ませ、歩いた足跡をコンピュータ解析した結果、少量の酒でもフラフラしたことを見つけた、という結果で、ある学会賞を取りました。昔はコンピュータがなかったので手で計算したのですが、今回はコンピュータによる歩行解析という新しいデータが加わりました。

皆さん、こういう発表がコンテストに出てきたら、オリジナリティーがある面白い研究だと思いますか？　生物学に詳しい先生なら、マウスに酒を飲ませると聞いただけで「あの研究か」と分かる有名な研究です。フラフラしたマウスの写真は、いっぱしの研究者だったらだれでも知っています。この昔の研究には面白いオチがあって、煙草を飲ませるとまっすぐ歩いたというものです。タバコが好きな人は歓喜したでしょうね。

しかし学会で生徒が発表したポスターには昔の研究の引用がなく、この発表を見た私は完全なまねと断定しました（高校生の名誉のために言っておくと、高校生から提出されたレポートにはちゃんと過去の実験の記述があったので、昔の研究を知っていて始めたのは事実です）。

しかし、会場でポスターを見ただけだと、高校生が考えるような実験だし、結果もしっかりしていて面白い、と飲兵衛（がいることで有名な某学会）の若手審査員の興味を引いたのは事実だと思います。高校の指導教員は、こういうところをきちんと引用するよう指導すべきで、ただの賞狙いと言われても仕方ありません。

　ではこの研究にはオリジナリティーがないかというと、私はこの研究は十分にオリジナルなものだと思います。なぜなら、歩行をきちんと解析したというのは、高校生として破格の実力が認められるからです。だから、そこの部分をしっかり強調して発表すべきだと思うのです。

　ここでもう一つ問題になるのは、審査員の「見る目」です。審査というのは非常に大切で、いろいろな知識を持ち、科学的正当性やオリジナリティーを正しく評価し、しかも申請者のやる気を高める必要があります。この発表に賞をあげたとなると、学会の鼎《かなえ》の軽重も問われることにもなるのです。50年前の研究ですから、今の若手は知らないかもしれません（学会の審査員は、年寄りよりも若手が選ばれます）。こういう時こそ、定年になった知識のある先生を審査員に選ぶべきなのです。この高校生のオリジナリティーについてはなかなか難しい問題ですが、若者をきちんと指導することこそ、我が国の科学のレベルを上げる重要な要素であることを、私たち大人は今一度確認すべきだと考えます。

高校生の研究にどこまでを求めるか

ある高校生の実験を紹介しましょう。この生徒は、ある植物が吸水する量の時間変化を調べたところ、日周変動があることに気づきました。すなわち、毎日、同じように吸水量が波打つように変わるのです。ご存じのように、葉の気孔から水分が出ていくので、気孔の開閉を調べると、これにも日周変動があることが分かりました。しかし、微妙にピークが異なります。なぜ違うかを調べるために生徒は、すばらしいことを思いつきました。それは最近新型コロナで知られるようになったPCRを使ってある遺伝子を調べようと考えたのです。その遺伝子はアクアポリンと言い、2016年のノーベル賞の対象になった細胞膜上の水を通す分子です。高校の生物の教科書に出ていたので、やってみようと思ったのでした。

遺伝子DNAを調べても、それは植物にその遺伝子があるかどうかが分かるだけです。遺伝子が働いているかどうかを調べるときには、DNAからつくられるmRNAという分子の量を調べないといけません。一般にはmRNAの量が働いている遺伝子の量と考えられているので、mRNAを調べたい。しかしこれが難関なのです。植物からmRNAを抽出して、それをいったんDNAに変え、そのDNAをPCRという方法で増幅して定量するという、普通の高校ではできないやり方が必要になります。この方法を正確にはRT－PCRと言います。手間（時間）とお金がかかるのです。

新型コロナの場合は、体内に新型コロナウイルスの遺伝子があるかどうかを調べる方法をPCRと言っていますが、正確にはRT－PCRを行っているのです。抗原検査というのは、新型コロナウイルスのタンパク質（抗原）が体内から検出されるかどうかを、抗体を使って検査します。これは数分で結果が出ますね。

そこで、RT－PCRを用いてアクアポリンの発現を調べたのです。高校生がRT－PCR？　と驚きますが、日周変動も見られたのでよく頑張ったね、ということで賞がもらえたのだと思います。しかしデータをよくみますと、アクアポリンの発現の時間変化は、吸水量と気孔の開閉と全く異なっており、何を説明しているかが不明瞭な結果となりました。もしもこの結果から、吸水量の日周変動が説明できるなら、これは素晴らしい研究ですが、この結果だけでは何をやったか分からない（やらないほうが良かった？）のです。やはりこの研究が賞を取ったのは、学問的には問題です。

私が「ｍＲＮＡ発現量と吸水量が一致していないから、アクアポリンの実験はまだ途中段階でアクアポリンのタンパク量を測定したらどうか」と提案したのですが、指導した高校の先生にはこの意図がよく伝わらなかったようなのです。ＲＴ－ＰＣＲという、高校ではどこも行っていないことをやったのだから、それでいいではないかという雰囲気を感じました。

実際は、ｍＲＮＡの量は存在しているタンパク質の量とは比例しないことが分かっています。これはタンパク質の代謝速度が関係しています。代謝速度が遅いと、ｍＲＮＡが作られていなくてもタンパク質は細胞にある、ということが生ずるのです。アクアポリンは水を通すチャネルですから、水の移動に関係しているという仮説は正しい可能性がありまます。となると、吸水量は気孔の開閉とアクアポリンのタンパク量に依存するという可能性が一番高いわけで、そこを証明しないと何のために実験を行ったか分からないことになります。せっかく大学生並みのすばらしい実験をしたのですから、指導する人もその点を理解する必要があるのです。

†先生が書いてはいけない

最近の探究コンテストでは、テーマが多岐にわたっており、大学の卒業研究レベルのものが入っていることがあります。これは大学の教員が直接指導しているものもあり、高校の教員が大学に出かけて指導を受けることも多いからです。そうすると、発想自体が生徒によるものではない可能性もあります。また、実験したのは生徒ではなくて先生かもしれないというような高度なものも散見します。なぜかというと、前述したようにコンテストの結果がAO入試に使われたりするようになったからです。また教員が自分の勤務成績を良くするために、生徒がやったように見せかけて賞を取ることがあるのかもしれません。

これを見分けるにはどうしたらいいでしょうか。例えば、生徒が書いた文章か先生が書いた文章か、どうやったら見分けることができるか知っていますか？　これは、コンテストの審査員としての企業秘密であまり言ってはいけないのですが、生徒が書いたと思われる文章の中にある「漢字と仮名の割合」を見ればいいのです。年寄り（年長）の人が書くと漢字が多くなります。もっと興味深いのは、1つの文の長さが違ってくるのです。年長者、つまり先生が書くと、文が長くなる傾向があります。また、多分皆さんはご存じないと思いますが、読点の付け方が若い人と大人で違うことが分かっています。ある特定の単語が出てくるのも特徴です。若い人が絶対使わない単語が出てきたりすると、ああ、これは先生が書いたものだな、と分かるのです。

例えば、「あり得る」と書いてあると、最近の若い人は、「ありえる」と発音したりします。私ほどの年齢になると「ありうる」と教えられており、「ありえる」と発音したり書いたりするのは最近の言い方で、間違いではないものの時代の差を感じさせる言い方だ、と強く思います。一般的には「ありうる」が伝統的で、本来「ありうる」と読まれていたものが、後になって「ありえる」の読みが加わったと言われています。NHKでは放送用語として、「ありうる」の読みを優先しています。私は、40歳を過ぎて「ありえる」を使う人を「アリエル君」と呼んでいますが、最近は大学の教員でもアリエル君が増えているという印象です。

高校生探究コンテストの考察の中に「ありうる」と書いてあると、余計、年寄りが書いたのではないかと邪推するわけです。難しい問題ですね。

もう一つは、「ゆえに」などという言葉は年配の人がよく使います。若い人はあまり使いません。だから一般の文章に「ゆえに」が出る割合よりも、生徒が書いたといわれる文章に「ゆえに」が出てくる割合が大きいと、これは先生が書いたのか、若い人が書いたのかが、大体分かるのです。

このように、実際に書いた人が誰かを判断するのはなかなか難しいのです。ＡＩを使ってその人の文章の特徴が分かる時代が来ているので、早晩、判別ソフトが出てくることを期待しています。

話がどんどん変わりますが、生徒の成績を上げようとする場合、もし成績が良くなったら教師に見返り（賞、給料）を与えると言ったほうがいいのか、良くなった生徒に何か見返り（大学の推薦）を与えたほうがいいのか、どちらに効果があるか知っていますか。例えば生徒が賞を取ったら、君の給料を上げてやると校長先生が若い先生に言うほうがいいのか、いや、良い成績を取ったらいい大学に推薦しますよ、というふうに生徒に見返りを与えたほうがいいのか、どちらがいいでしょうか。

実はこれを調べた人がいるらしいのです。正解は、どちらでもなかったのです。両方とも効果がありませんでした。では、生徒の成績を良くする一番いい方法は何かというと、授業時間を増やすことだったのです。授業時間を減らすと、その分、賢さが低減することが分かりました。すなわち、探究時間もそうですが、一生懸命研究（勉強）する時間が増えると、それだけ生徒は賢くなります。当然ですね。皆さんも、本を読みなさいと、よく先生に言われたと思いますが、本を読めば読むほど、その人の視野が広まり人間の深みが増すのです。

†探究を楽しみ、深めるためのコツ

もし読者の皆さんが教えるほうに回ったら、あなたがもし学校の先生となって生徒に探究を教えるようになったら、どうしたらいいか、ちょっとコツを教えてあげましょう。生徒1人ずつに1つのテーマを与えると、教えるほうの負担が非常に大変です。できたら、グループ、例えば4人1組のグループで何か1つのテーマを与えるとうまくいくことが分かっています。しかしこの場合、1人1人が何をやったかという評価が非常に難しいのです。こういう場合には、必ずリーダー格とフリーライダーといってただ横にいて見ているだけの生徒に分かれます。負担を均等にするか、得意分野を各自に任せるかは、先生の腕の見せ所です。

読者がもし先生になったとして、どんなテーマを生徒に与えたらいいかも問題です。今の中学校、高校では、「テーマがない」「やりたいことがない」という生徒が多いのです。

こういう場合は、先生が自分の得意とする分野のテーマを与えるといいことが分かっています。そうすると、いろいろ指導が楽になりますね。

もう一つは、グループで相談させる。4人で1つのグループをつくるとすると、もう1人、別の大人(副指導者、つまり2人目の先生)に加わってもらって行うのがいいのです。全く興味関心が違う大人が中に入ると、異なる見方がいろいろできます。例えば社会が専門の先生と理科の先生が組んで指導すると、多角的な指導ができることが分かってきたのです。これから探究活動は、ますます流行《はや》ってくると思われます。ここにいろいろな分野の先生が加わって行うと非常に楽しい探究ができることが分かってきました。

研究経験のある大学教員から見ると、高校の先生のテーマの与え方に問題があるように見受けられます。例えば、「地球温暖化は今後どうなるか」というテーマを生徒に考えさせたところで、答えが出ないに決まっているのです。「機械は、将来、心を持つだろうか」このようなテーマも難しいですね。つまり、答えのないテーマを与えると、生徒はどうしていいか分からなくなります。

もし検討事項に実験があったら、必ず対照を取る。本章の最初に紹介した、尾羽が長いか短いかとか、ああいう実験を行う時に、適当な対照実験を行っているかどうかで、その研究の良し悪しが決まります。これは非常に大きな問題です。もう一つ大事なことは、必ず数字で出るような答えを導きなさいと指導することです。こういうテーマの与え方というのは非常に大事です。

†「定量分析」という物差し

例えば文系の生徒でも面白い探究ができるのです。文系の生徒の興味のあることは、理系の生徒よりも複雑で、しかも多岐にわたることが分かっています。「日本人の美人像とはどういうものか」「『となりのトトロ』と聞いただけで懐かしい感じがするが、その懐かしさはどこから来ているのだろう」「剣道の写真はキリッとしてかっこ良い。そのかっこ良さは、どこからきているのだろう」これらは、みんな文系の生徒の疑問です。将棋が好きな人からは振り飛車はどれくらい損なのかとか、牛乳パックには何かデザインが必要だが、どのパックのデザインが一番良く売れるかなど、私のような理系人間からは絶対出ないような疑問が出てきます。

こういう疑問が出てきたときに、どうやってアプローチし、答えを導いたらいいかというと、例えば日本人の美人像というのは、丸顔が美人か長細顔が美人か、とただアンケートを採っただけではダメで、それを数字で表さなければいけないのです。だから、どういうものでも必ず定量分析が必要になります。だから文系のテーマでも、答えを出すにはやっぱり数学が必要になってくる。統計が必要になってくるのです。これはぜひ知っていただきたいと思います。

†課題解決能力

私には、大学生でも、文系の人も理系の人も、こういう人になってほしいという理想像があります。それは、とにかくデータを見ただけで頭が回転し始めるような人間、です。例えば、**図1-5**のデータを見て不思議だと思いませんか？ **図1-5の①**は国際数学・理科教育動向調査（TIMSS）のデータで、中学2年生の学力を調べた結果ですが、何月生まれの生徒の学力が高いかということを調べたのです。そうすると、4月から12月生まれは大体みな同じですが、急に1月、2月、3月生まれの人の学力が下がることが分かりました。数学も理科も、です。

つまり、早生まれの人は学力が下がっているのです。調査対象は中学2年生です。小1だったら分かりますね。小学校1年生で4月生まれか3月生まれかという差は、1歳年が

①生まれ月と中学２年生時の学力。TIMSS2003 のデータより 9500 人

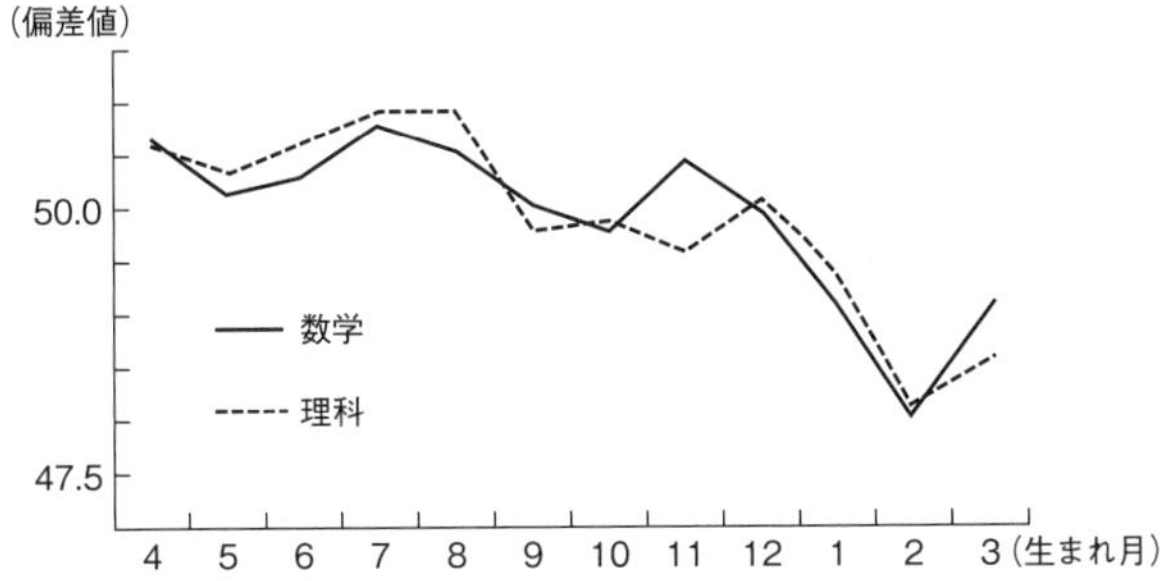

②生まれ月と最終学歴。就業構造基本調査（2002 年）より 26 万人

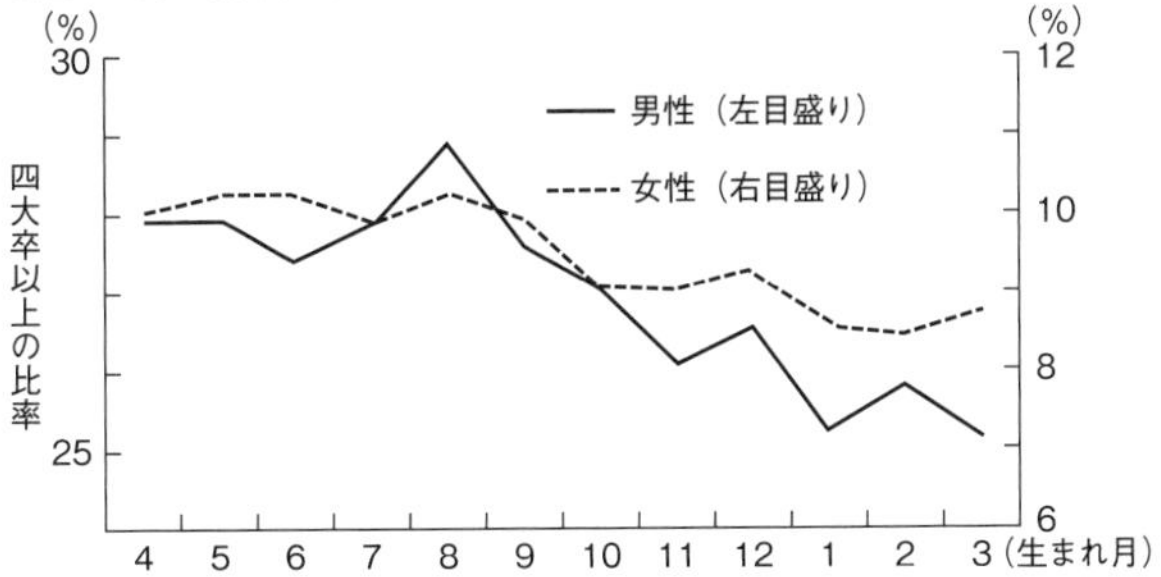

図 1-5　上のデータから何が分かりますか？

違うようなものですから、知的・運動能力が違うのは当たり前です。しかし、中学2年生でも、こんなに差があるのはどういうことでしょうか。

もう一つ（図1-5の②）は、26万人の大卒者を調べた結果です。生まれ月と最終学歴の関係です。つまり、1月、2月、3月生まれの人は、4月〜12月生まれに比べて四大卒の比率が下がっているのです。え？　中2じゃなくて大卒でも早生まれの人のほうが大学生の割合が少ないということは、あまり出来が良くないということですか？　なぜこういう結果が得られるのか、不思議だと思いませんか？　こういうデータを見て、なぜかと考えることが大切なのです。

そうすると、1月〜3月生まれは、本当に頭が悪いのか？　妊娠時期や誕生時期が脳の発育に影響を与えるのでしょうか？　冬に流行するウイルスが何か関係しているのでしょうか？　「早生まれの影響でしょう」と言うのは成長の差を話すときによく聞きますが、早生まれの影響が大学まで続くことがあるのでしょうか？　疑問が膨らみますね。何かおかしいと思うことがあったら、調べていくことが大切です。頑張って調べてみてください。なぜ早生まれの影響が大学まで続くのだろうか、と。

このように考えていくと、生まれた人の数は、日付ごとに違うのではないか、と誰でも

	1月	2月	3月	4月	5月	6月	7月	8月	9月	10月	11月	12月
1日	365	152	141	362	8	183	114	33	102	23	133	287
2日	364	120	244	2	7	198	107	60	126	24	149	302
3日	360	137	92	43	354	212	104	36	98	29	359	253
4日	340	192	316	315	352	228	148	69	215	95	332	301
5日	25	162	217	246	355	174	106	41	127	56	105	286
6日	34	160	235	250	330	201	101	54	195	64	140	294
7日	94	182	257	267	22	245	11	31	109	84	169	270
8日	200	164	311	222	13	151	81	18	115	123	272	296
9日	319	170	314	337	42	240	113	75	99	180	281	323
10日	291	96	205	247	61	171	66	19	59	349	255	218
11日	153	357	262	280	103	197	80	27	52	297	236	263
12日	139	329	248	313	122	157	91	39	58	88	299	124
13日	138	172	325	331	213	259	117	224	89	175	327	321
14日	132	119	310	298	147	254	87	335	30	189	317	278
15日	345	243	279	290	110	145	63	341	348	208	273	225
16日	154	227	241	312	142	166	77	309	130	188	268	230
17日	83	284	233	275	150	191	55	53	12	256	269	193
18日	74	293	221	265	134	165	68	21	6	303	277	125
19日	73	328	258	308	238	187	100	62	14	300	288	177
20日	49	242	343	214	194	144	129	38	16	185	181	97
21日	47	292	353	179	168	203	78	67	9	264	199	45
22日	79	231	336	202	156	178	48	93	10	234	216	1
23日	70	251	204	155	163	190	20	136	351	271	361	346
24日	116	295	252	173	239	186	46	108	71	318	338	26
25日	112	282	304	143	184	146	51	85	3	322	176	4
26日	72	320	326	135	232	158	65	118	5	289	206	28
27日	86	307	334	37	261	161	35	111	17	276	283	131
28日	90	305	339	44	207	209	32	128	15	260	285	159
29日	167	366	344	358	274	196	57	220	40	249	333	347
30日	121		342	237	219	226	50	210	82	229	324	356
31日	223		350		306		76	211		266		363

※項目内の数字は順位

図1-6　誕生日が多い順に番号がついています。ツイッターアカウントnark202 @nark202 https://twitter.com/nark202/status/502833820815470592?s=20Et=gcTMmsiwFLfK9F_Gs64Wegより

考えつきます。これを調べた人がいるのです（図1‐6）。何月何日生まれが何番目に多いかと調べた人がいるのです。これによると誕生日が多い日の第1位は12月22日です。第2位は4月2日生まれ。第3位は9月25日生まれです。最下位の366番目は2月29日です。もちろんうるう年のこの日に生まれる人がめったにいないのは当たり前ですね。

こういうデータがあれば、ひょっとして、1月、2月、3月生まれは数的に少ないのかと気が付きます。しかし実際の数字（図1‐6）をぱっと見ただけで、1月、2月、3月生まれが多いことが分かります。データを見て気が付くかどうかが問題なのです。とにかく数字を見て何かが頭に浮かんでくるかどうか。こういうことは非常に大事です。4月2日生まれが多い理由は分かりますよね。3月31日に生まれた人でも、4月2日生まれにして届けたりする人が出てくるからです。

この問題には、答えがまだありません。多くの人が検討していますが、確たる答えがないのです。

†常識とコミュニケーションを学ぶ

あと、理数探究で学ぶことの中に、常識を学ぶ大切さというものがあります。「子は怪力乱神を語らず」という言葉があります。先生（孔子）は超自然的なことに言及することはなかった、ということを言っています（「論語」述而第七）。怪しげなことが世間にはいろいろありますが、それを排除することを覚えるのも教育の大事な点です。

例えばこういうテレビの宣伝があるとします。育毛剤の宣伝ですが、「HGPという物質が入っています。ひよこは生まれたときから毛が生えています。ひよこの毛も人の毛もケラチンです。卵の中にあるHGPがひよこの毛の成長に効いています」。だから人間の毛も、というコマーシャルです。

だったら、高いお金を出すより、卵を頭からかけたほうがいいじゃないですか。問題は、この論理自体がおかしいことに気づかなければいけないことです。こういう話を聞いただけで、これはおかしいと思わないといけないのです。

つまり理数探究を通して課題解決能力を向上させるということは、ただの技能（手技）だけを上達させることではなくて、やはり何かを調べようという意欲を高めることも大事だし、友達とディスカッションして、友達の良い意見を聞き、自分の意見を変えていくというコミュニケーション能力も大事なことになります。こういうことを新しく学ぶのが、この理数探究という教科です。

技能というのは教えれば上達します。将棋でもテニスでもそうですが、何度もやれば上手にできるようになるのです。だけどそれだけではダメで、問題は意欲です。何か新しいことを調べる意欲が大切で、子どもたちの意欲を増進させるには、教える先生も楽しそうに参加することが大事ですね。子育ても同じです。

コミュニケーションというのは、本人が学ぶしかありません。これを上手に学べない人は協調性がない人間と言われてしまうのです。コミュニケーションというのは、人間関係の構築です。周りには自分と合わない人もいる。同時に、自分がとうてい辿り着けないような、よくできる人もいるということに気付きます。すなわち、子どもは世の中の多様性に気付くわけです。こういうことは意外に大切で、周りにはいろんな人がいる、でもそういう人と仲良くしなければいけないということを学ぶ。その第一歩が高校での理数探究という科目になるのです。

相互批評も高校で学ぶ大切な技術です。「これちょっと違うんじゃない?」と自分が言われると、反発するか、自分の間違った考えを正しく訂正するか、どちらかを選ばなければならなくなります。逆に自分が批判する立場に回った時には、相手を誹謗《ひぼう》中傷しないで、他人に配慮した助言を与えることも大事、ということを学びます。相互批評というのは、その後の学びや人生においても非常に大切です。読者の皆さんが自分の出身校、小学校とか中学校に行って、何か授業するなどということが、もしあるとしたら、そういうときに相互批評の授業をするといいと思います。

一例として、「自分が気に入っている写真を持ってきて、それを使って自己紹介をしてください」という授業だとします。そうすると、必ず以下のような写真を持ってくる子がいるわけです。Aさんは小さいときにバレエをやっていて賞をもらった写真を持ってきたとします。Bさんは、自分が飼っている猫がバッタを捕まえようとしている写真を持ってきました。Cさんは、家族とエーゲ海に旅行に行ったときの写真でした。

そうすると、写真を持ってきた3人で、どの子が一番好かれ、質問が多く出ると思いますか？　バレエやっていましたと言うと、セレブだなと思われて、近寄りがたく感じられて、バレエを知らないと質問もできません。私、ヨーロッパ行ってきました、こういう子にも、あまり質問が出ません。同じような経験がないと質問しようがないのです。しかし、うちの猫はこんなかわいい猫です、こういう写真を持ってきた子とは、友達になって話してみたいなと思うでしょう？　実際に多くの質問が飛び交い、和やかな雰囲気が作られました。相互批評は、コミュニケーションを学ぶ重要な機会なのです。

†今までにない考えを導き出すために

あとは議論を広げていくだけでなく、うまく収束させることも大切です。

例えば、の話です。自分が正しいと思っていても、よく考えると間違いだったということも出てきます。エンハンスメント（正常機能の亢進《こうしん》）を考えてみましょう。皆さんは、自分がけがや病気をしたときに、失った臓器を回復させることについては、異論ありませんね。皮膚をけがしたら、そこに何かを塗って、皮膚がちゃんと元どおりになる。これが病気の治療です。どうしてもダメな場合は、iPS細胞を使って臓器をつくりましょう。目が見えづらくなった人に角膜を移植することも認められており、いいことですね。

ところが、筋肉を増強しましょうと言ってステロイドなどのサプリメントを飲んだりするとドーピングになってしまいます。アルツハイマーを薬で治しましょうというのは認められますが、試験のときに眠気覚ましの薬を飲んだりすると、これはいけません。だから、どれが良くてどれがいけないかを区別することが、なかなか難しいのです。病気を治すのはいい。だけどステロイドを使って普通の人の筋肉を増強するのは良くない。つまりエンハンスメント、正常機能の亢進は良くないことになっています。どこに線を引くかは、難しい問題でしょう?

デザイナーベビーというのは、自分の好みの子どもをつくることです。受精卵にゲノム編集を行ったり、勝手に遺伝子を操作できる時代がきています。でも、それをやっていいですか? 遺伝病を治すのはいいけれど、背を高くするのはダメだ。それでは、どこで線を引いたらいいのかが難しいですね。

そこで例を1つだけご紹介してこの章を終わりにしたいと思います。このような例があるのです。オリンピック症候群という病気で、冬季オリンピックのクロスカントリーで優勝した人の遺伝子を調べたら、エリスロポエチン受容体に遺伝子異常が見つかったのです。遺伝子異常は、普通、病気が話題になるのですが、この人はオリンピックで優勝できたのです。つまり遺伝子の異常で運動機能が良くなった。この例は自然エンハンスメントとして、よく紹介されています。

エリスロポエチンというのは血液中に存在するホルモンみたいものです。細胞の表面にはこのエリスロポエチンの受容体があります。この受容体は2つの同一分子が一緒になって(二量体と言います)エリスロポエチンを受け取り、いろいろな化学反応の結果、最終的に赤血球の数が増えていきます。その結果、持久力が増します。つまり赤血球の数が増えると、酸素を上手に利用することができて持久力が増すのです。高地トレーニングでも同じことが起こります。

ところが先ほど言ったように、オリンピック症候群の人というのは、実は遺伝子異常があってエリスロポエチン受容体が元々少々欠けているのです。でも少し欠けていると、エリスロポエチンがなくても、二量体が形成できて、赤血球を増やすことができるようになるのです。つまり一般的には高地トレーニングで赤血球を増やすのですが、オリンピック症候群の人は自然に高地トレーニングをしているのと同じ状態になっているのです。

普通の人ではエリスロポエチンを注射しても同様に赤血球が増えるので、これが（良くないことですが）ドーピングに使われています。最近では、以前に採って保存しておいた自分の血液を競走前に注射するということも行われています。これだと、ドーピングには引っ掛かりません。エリスロポエチンを注射するとドーピングに当たります。でも高地トレーニングを行い自分でエリスロポエチンを増やす分には構わないのです。なんだか変ですね。

よく考えると、オリンピック症候群の人というのは遺伝子異常があるため、自然とドーピングをしているのと同じになっています。そうなると、このような人をオリンピック競技に参加させていいかということになるでしょう？　でも、遺伝子を調べないと分からないので、今は、ほっておかれています。

こうなるとエンハンスメントを認めていいかどうかというのは、結構大きな問題になりますね。オリンピックでは認めてはいけないのかもしれません。だけど普通の人がトレーニングをして筋肉を増やしたり持久力をつけたりするのは勧められていて、薬に依存するのはダメ、はおかしくないか、というわけです。認知症は困る、しかし薬で認知症を治すのは良い。これは当然だと思いますね。しかしこれもドーピングではないでしょうか。試験前に集中力を高めるためにコーヒーを飲む。これもドーピングにならないのでしょうか。みんな紙一重ですね。よく考えると難しい問題でしょう？

このように科学には答えの出ない問題があるということを、皆さんに知っていただきたいのです。探究を続けていくと、こういうことがだんだん分かってきます。だから、この理数探究という新しい科目は、今までなかったような考えを高校生が自ら導き出すことができるようになるし、それができる高校生は、大学に入って新しい知らない問題が出てきたときも解決できる方法を会得できるというわけです。

なぜ理数探究を高校で行うようになったかということが、お分かりになったでしょうか。

第 2 章

日本の理科教育あれこれ

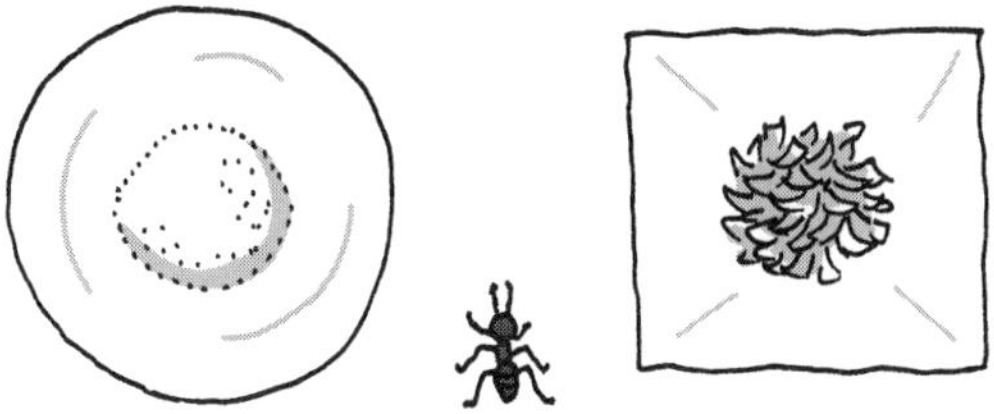

†小学校入試の問題が解けますか？

第2章ではさらに掘り下げて日本の理科教育について具体的に見ていきたいと思います。

ところで、皆さん大学などでいろいろな勉強をした経験がおありだと思いますが、どれも自分に関係ない勉強だとか、自分の人生に関係のないものが多かった、と思うことはありませんか。でも、そんなことはありません。特に大学生の時期は一生のうちで、一番いろいろなことを学ぶ機会があるときなのです。

大学は職業教育の場ではありません。一部の私学では、言うことを聞く企業人材を育てるためとか、実社会に役立つことだけを集中的に教えていますが、大学というものは生計を得るための、ある特定の手段に人々を適応させるのに必要な知識を教えることを目的とはしていないのです。大学の本当の目的というのは、「熟練した法律家とか医師とか、また技術者を養成することではなくて、有能で教養ある人間を育成することにある」。これは昔、19世紀イギリスの哲学者J・S・ミルという人が言った言葉です。

これは時代遅れではないかとか、役に立たないことを勉強するために貴重な時期を無駄にするな、という経営者がいた時代がありました。残念ですが、そういう企業は淘汰され少なくなりました。ある一つのことを知っているだけでは、人間として完成しておらず、いろいろなことを幅広く知っている人こそ応用力があるということが分かってきました。

本章では、特に小学校の理科の教育から始まって、中学、高校の教育についてまとめてみたいと思います。私は、以前から小学校理科の教科書の編集にかかわっており、現在は委員長をしています。その経験から、ということで話を聞いていただきたいと思います。

まず小学校理科の話から。**図2-1**はある小学校の入学試験問題ですが、読者の皆さんはじっと見ているだけで解くことができますか。ここにシーソーがあって、いろいろな動物の重さが比較されています。問題の内容は、重さの順番をつけてほしい、(1)同じ重さの動物が2匹いるので、その2匹に丸をつけなさい、(2)3番目に重い動物にバツをつけなさい、というものです。

じっくり考えれば、すぐできますね。もともと幼稚園生が解く問題です。しかし、焦ってくると頭が混乱してきますね。それぞれのシーソーを見れば、花と犬が同じ重さだと分かりますし、花と猿が同じ重さだということも分かりますから、結論としては犬と猿が同じ重さで丸がつきます。本当はじっと見て1分ぐらいで解いてほしいのですが、できますか?

同じ重さの動物が2匹います。その2匹に丸をつけましょう。
3番目に重い動物にバツをつけましょう。

図 2-1　ある小学校の入試問題より改変

また、花よりもウサギのほうが重いわけですから、先ほどの犬と猿よりもウサギのほうが重いことが分かります。また、花よりも猫が軽いですから、猫のほうが犬と猿よりも軽いことも分かります。そうすると順番がつきますよね。軽い順に、タヌキ＜猫＜花＝犬＝猿＜ウサギ、となり、3番目に重いのは猫になります。大人では、紙に書いて解くのではなく、頭で解くことが大切です。こういう訓練がボケ防止になるのです。

†これからの日本の国力

そこで、これから日本はどうなるかを考えてみましょう。令和に入ったときに文部科学省が、こんなデータを出したのです（**図2-2**）。これを見て、昭和から令和まで、子どもの数がどう変わっていったかというと、ベビーブームという山が2つあって、その後どんどん下がっています。それにつれて、中学生や高校生の数も下がっているグラフです。

このグラフから何が分かりますか。将来、日本は学歴を持った人の絶対数が少なくなるということでしょう？　これでは困るわけです。それなら同じ調査で大学生や大学院生はどうなっているかというと、令和元年度でも上がり続けていて、下がっていない。これを見れば、まだ大丈夫と思いますが、その先が問題です。小学校の子どもの数が減っている

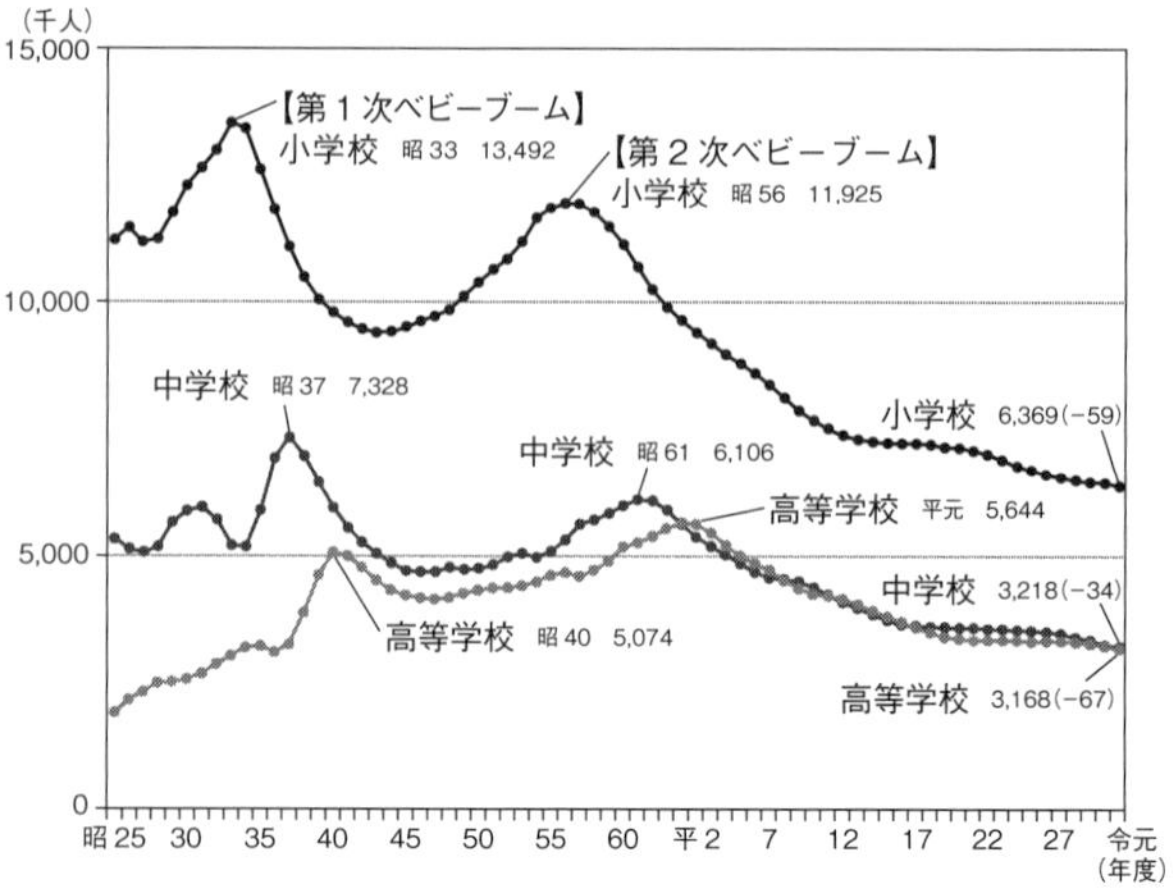

図 2-2　各学校段階ごとの在学者数の推移。文部科学省令和元年度学校基本調査より引用

のに大学生が増えているということは、みんな大学に行くようになったということです。こんな国はほとんどないのです。だから、これに関しては、非常に良いことと言えます。同時に専門学校や専修学校へ行く人が多くなって、逆に短大へ行く人はだんだん少なくなってきたのです。

そこで重要なのは、国全体の生産力（GDP）というのはどれくらいかというデータです（文科省猪股志野氏の資料より）。1人がどれくらいの生産性があるかという数字と、どれくらいの期間働けるかという数字を掛け算したものです。これが今の日本でどうなっているかというと、1人当たりのGDP、国内総生産の数値が、1993年（20世紀の終わり）では世界2位だったのが、2012年には10位になっていて、今は2022年ですので、もっと下がっているのです。

昔、日本は世界で結構頑張っていたのです。ところが21世紀に入ってみると、低下傾向が急で、2012年の段階ではもうG7の中では労働生産性が最下位になってしまった。これは大変なことです。労働人口だって2013年は6577万人だったけれど、2060年には半分とは言わないが、4792万人と結構少なくなると内閣府では推測しています。そうすると、これからの日本というのは、今の大学生が高齢者になったときには、もう世界の中で埋もれていかざるを得ないということが、この数字でははっきり分かります。

†少子化時代の到来

どうしたらいいのでしょうか。人口が減るのは、どうしようもありません。何を頑張るかというと、1人1人の生産性を上げるしかないのです。ところが今の日本の人は、昔に比べて働かなくなりました。生産性が上がっていないのです。昔は「日本人は本当に勤勉だ」と言われていました。ところがアメリカなどのまねをして、「土曜日も学校を休みにしましょう」などと言い始めたおかげで、こういうみじめな実態になってしまったのです。

これは少し古いデータですが、世界のGDPに占める日本の割合というのは、2011年には全体の6・7%で、それでも頑張っていたのです（文科省のデータより）。もちろんアメリカが22・7%と一番多く、ユーロ圏が17・1%、中国が17・0%、インド6・6%でした。日本は2017年には全体の4・9%と下がっています。これが2060年になると、どうなっていると思いますか？　予測によれば、日本は3・2%、アメリカが16・3%と下がり、中国27・8%、インド18・2%とこの2国が急上昇しています。なぜかはお分かりですね。もちろん人口が多いからです。とすると日本が生き延びる道は、たった一つしかないのです。人口の減りが止まらず、しかも生き延びるためには、他の国に比べて教育に力を入れて生産性を高めることが、一番大事なのです。

だから日本の将来は、令和の若者の肩にかかっているのです。ところが、21世紀になって分かってきたことは、自分は与えられたことしか勉強しなくていい、いったん大学に入ったらもう人生の目的の半分を遂げたのと同じなので、後は楽をして生きたい、と考える人が多くなりました。周りを見ても、努力しないでお金を稼ぐのが目的という投資コマーシャル、○○をただにしますという政党のマニフェスト、ユーチューバーが「なりたい職業」第1位の小学生などがあふれています。努力して世界のリーダーになるという子どもは、ほとんど見当たりません。

この話を聞くと、日本の人口の減りを何とかできるのではないか、若者の結婚を政府・自治体が支援すれば何とかなるのではないか、と考える人がいてもおかしくはありません。しかし、もう急激な人口の減りが止まらないのです。それに比例して高齢化が進んでいます。これは多くの人が思っているより大変なことなのです。2010年から2040年にかけて、30年後にどうなるかという予測が発表されたことがありました（増田寛也「地方消滅」）。何と、夕張市は653人いた出産可能な女性の数が100人に減ると報告されました。つまり子どもを産むことができる女性がこんなに減ったら、将来この町はなくなってしまいます。私が今住んでいる東京近郊の市はどうなるかというと、これも3万人から2万5000人に減るのです。また、東京でも有数の繁華街池袋のある豊島区では半減すると予想されました。

つまり出産可能な女性の数が減ると当然人口が減ります。女性が産む子どもの数が減っているからです。合計特殊出生率というのは、1人の女性が平均して何人子どもを産むかという数字で、2014年の段階では1・42。一番低かった2005年は1・26まで下がり、少し回復する様相を見せたものの、2020年は1・33、2021年には1・

	0〜14歳	15〜64歳	65歳以上	扶養
1990	18.2%	69.5%	12.0%	5.8
2010	13.1%	63.8%	23.0%	2.8
2030	10.3%	58.1%	31.6%	1.8
2040	10.0%	53.9%	36.1%	1.5
2050	9.7%	51.5%	38.8%	1.3
2060	9.1%	50.9%	39.9%	1.3

（2016. 9. 19 発表）

図 2-3　日本の年齢構造の推移。国立社会保障・人口問題研究所より

30にまで落ち込んでいます。新型コロナウイルスの影響で、これは緊急事態です。現在の人口を維持するためには、2・1以上が必要なのです。つまり1人の女性が2人以上子どもを産まないと、今の日本は人口が減り続けるのです。少なくとも今の大学生がわれわれくらいの年代になると、人口も減って日本は年寄りだけの国になってしまいます。

†老人社会とはどういう状態か

年寄りだけの国というのがどのような状況なのかを見て頂くために、ここで一息入れて、今後のわが国の社会の変遷を図でお示ししましょう。**図2-3**は国立社会保障・人口問題研究所が推計した我が国の人口の変遷です。パッと見ると、2060年あたりには65歳以上の高齢者が4割近くになると推定されています。5人に2人です

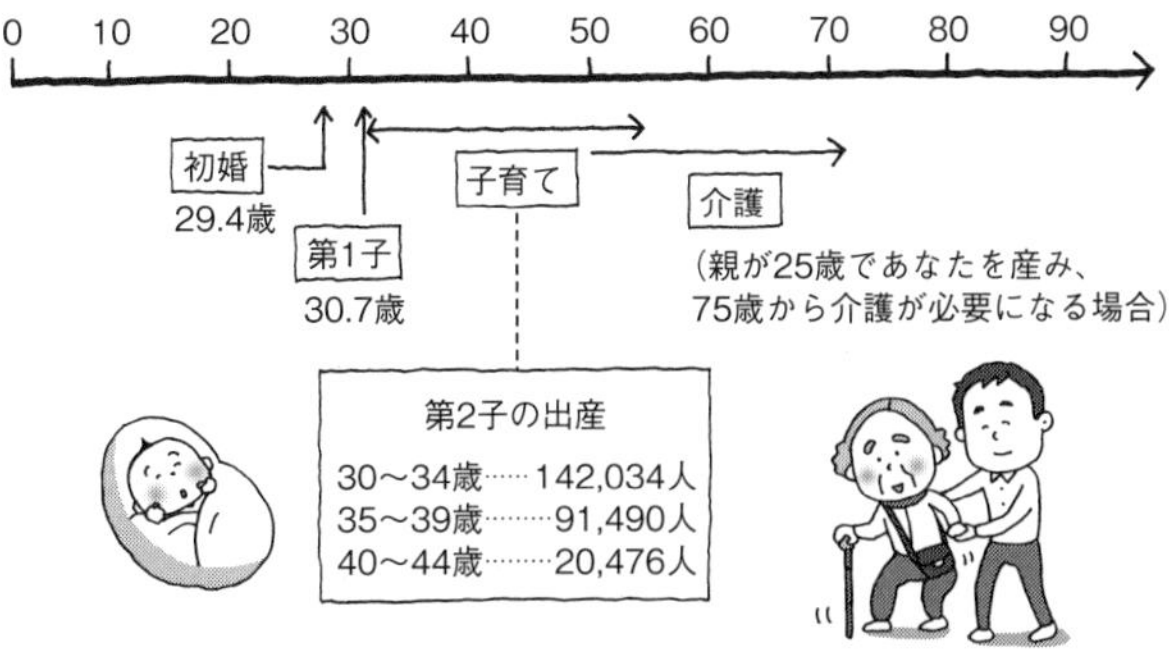

図2-4　ある女性のライフプラン。「未来の年表2」河合雅司（2018）を参照し、厚労省発表数値をもとに作成

から、昼間、外に出ると歩いているのは高齢者ばかり（働き盛りは仕事場に）ということも考えられます。この図の「扶養」というのは、働き盛りの（15〜64歳）の1人が高齢者を何人扶養できるか、という数字です。もちろん高齢になっても働き続ける人もいますが、働かないと仮定した数字です。なんと1に近くなっていくことが分かります。つまり1人の若者が1人の老人を養うという構造が見えてきます。

　これではあまり緊張感がないでしょうから**図2-4**のライフプランをご覧になってください。厳しい現状が垣間見えます。「未来の年表2」を参照して図示したものです。これは29・4歳で結婚し1年後に第1子が生まれることを想定したものです。そうすると、52・3歳の時にこの子が大学を卒業することになります。自分の親が25歳であなたを生んだと仮定すると、第1子が卒業した（子育てが終わった）ころに自分の親（夫婦の両親が健在と考えると4人）が75歳を超え、介護をせざるを得なくなりますね。出産がこの年齢より遅れたり、第2子以降が生まれたりすると、子育てと介護が同時に始まるダブルケアという状態になるのです。

ここまではいいとします。ところが問題はここから始まるのです。この夫婦が最後の子どもを産んだのが40歳だとします。その最後の子どもが25歳で結婚し、親の夫婦と同じようなライフプランで生活を始めると、最後の子ども（次世代）にダブルケアの負担が連鎖的にのしかかってくるのです。ご自分で図2-4のようなものを書いてみれば、一目瞭然です。これを回避するには、20歳前半で結婚することを勧めるか、子どもを多く産むことを奨励するかのどちらかしかありません。

もし、子どもが1人だったらどうなるかをシミュレーションしたものが図2-5です。30歳でひとりっ子を産むのが3世代続いたことを想定しています。こういうことはないと思いますが、65歳定年制で、妻の女性が働かないと仮定すると、図2-5の35歳の男性（矢印）はなんと14人を養わないといけなくなります。

ここでAさんとBさんが結婚しないまま15年経つと仮定すると、自分たちは50歳になり、

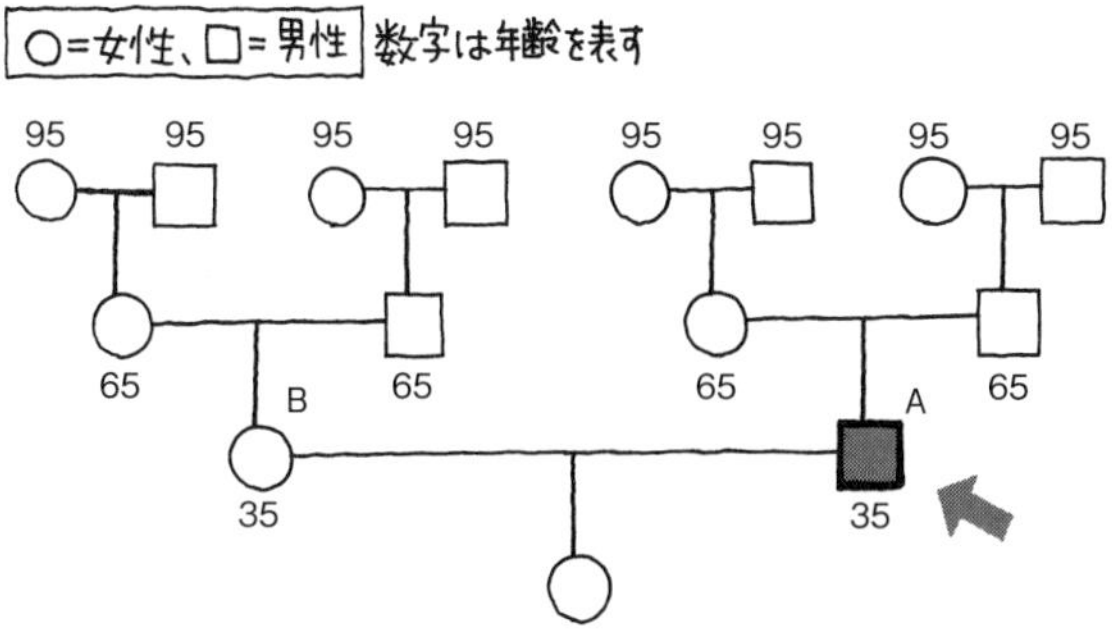

図 2-5　もし子どもが 1 人しかいないとしたら

両親が80歳で健在ということになります。50歳の人が引きこもりだったら……これが有名な80－50問題です。独身でいるということは、いつかはどちらがどちらの面倒をみるかという問題が出てきて、一般には親の介護が終わると、さあ自分はどうなる？　ということになるのです。

私の専門はアルツハイマー病です。親が認知症になったら大変なのは分かりますが、結婚せずに一人でいて、親がいなくなった人が認知症になったらどうなるのかなどには、元気な人は興味がないかもしれません。しかし、我が国の人口の数割が、介護してくれる人がいないままに認知症になってしまう時代が来る可能性があります。認知症だけは、すべての人にリスクがあるので、病気そのものの予防は何よりも大切な健康問題だと認識していただきたいのです。

†なぜ理科を学ぶのか

それでは元に戻りましょう。どうしたら日本が昔のように世界の重要な位置を占めるほどに国力を回復できるでしょうか。答えは一つ、人口問題が解決できないなら、もう教育で頑張るしかないのです。日本人全員が大学相当の高度な知識を備えて、これからの複雑な情報社会に対応しないといけないのです。分かりますね。このためにも、子どもから大人までの一貫した理科教育が大切なのです。

なぜ理科を学習するのでしょうか。理科が嫌いな子どもから、「なぜ理科を勉強するのですか」という質問が先生に発せられることがあります。子どもは、理科の勉強は好きなのです。全国学力・学習状況調査で、「好き」と答える小学生は80％を超えているのです。社会に出ると理科が役に立つと答える小学生も73％います。それなのに、理科や科学技術に関係する職業に就きたいという子どもが30％を切るという結果が文部科学省のアンケート（平成24年度）から分かってきました。

つまり理科が大事だと分かっているが、その職業に就きたくない。その理由は、理科の勉強が難しいから、理科の職業は大変そうだから、なのです。大学入試を見ても理系のほうが難しく、理数関連の職業に就いても偉くなれるわけではなく、お金も儲からない、という現実を見ているからです。これが本当なら、それを変えるしかありません。この状況を変えなければ、日本がダメになってしまうのです。

†理科好きに育てるには

これまで、いろいろな人が理科好きを育てるにはどうしたらいいか、工夫してきたのです。一つは、親が子どもに教える、これが大事です。つまり理科が嫌いな子どもというのは、親も嫌いということが多いのです。親が理科好きだったら子どもも好きになるのです。だから小さいときに科学館へ行って、最新の科学技術に慣れさせたり、科学を拒否しない態度を養成することが非常に大切なのです。

もう一つは、理科が役に立つ職業があると教える。これも重要ですね。最近の教科書には、習ったことが社会にどう応用されているかを示す欄も多くなってきました。でも、考えてくださいね。理科があるものに役立って他のあるものに役立たないなどは、あり得ないんです。私たちの身の回りのもの全部に理科が関係しているのです。

つまり理科を知らないと、自分の健康のことや地球の環境保全に対して、何も関与できないのです。そうでしょう？　自分の体のことを知らなければ長生きできません。だからそのためにも理科を勉強しなければいけないし、小さいときに楽しい体験をしたり、植物や地質を観察することが大事なのです。皆さんは、小さいときご両親に、この植物は何の植物かなどを教えてもらいましたか。そのような親でないと子どもは植物に興味を持ちません。だから私たち科学者も、なるべく小学校、中学校に行って、楽しい科学を同時体験するということに努めているのです。

結局、理科好きを育てるのは、先生もそうですが、もうほとんど親が問題なのです。親が頑張らなければダメなのです。子どもと一緒に身近な材料を使って実験をしたり、実験教室に通わせたり、もちろん先生と楽しく一緒に理科の実験をすることが一番重要なのです。

しかしこんな簡単なことが、なぜこれまでできていないかというと、今、小学校の理科の先生の一部はまだ文系出身の人が多いのです。アルコールランプを触るのが嫌だ、実験は面倒だ、という人が理科を教えているわけです。これでは、子どもが理科好きになるわけがないですよね。

ある人が「昆虫教育がいい」と言っています。これは昆虫が好きな人ですよね。カメラ付き携帯で調べる。どこにどういう昆虫が棲んでいるか調べて地図を作るのがいいんじゃないか。これは住民参加型教育ですね。みんなでこの公園にはこういう生物がいますよという地図を作ればいいじゃないか、という意見です。楽しそうですね。

またある人は、「ビオトープと呼ばれる自然体験観察園をつくるのがいい」と言います。こんな難しいことをしなくても、学校の庭に小さな池をつくって、そこにいろんな生物が来るのを観察するだけでいいのです。これらはフィールド教育といって、外へ出ていき自然を観察する、自然観察系と同じです。

この他に、文部科学省も頑張っているのです。国のお金で専門家を雇って小中学校に派遣するなどという事業をやっていたのです。偉い先生ではなく大学院生とか地域の専門家でもいいのです。そういう取り組みを進めると理科好きが育つのではないか。特に昆虫や植物の観察教室とかをやると、子どもが理科好きになるのです。だから、このような方法は日本全国の学校に広まりました。

しかし、短期的な試みだったため、すぐに元通りになり、「あとは自助努力でやってほしい」という文部科学省特有の言い方で、何もしなくなりました。学校、地域、保護者任せにするのではなく、本当は国が長期的視野を持って続けないといけないことなのです。

もし、新しいことを取り入れる（専門家になるように学ぶ）能力がないのなら、現在の教員を入れ替えることも必要です。

†理科を変えるために(私見)

ところが今の小学校理科の現状を見てください。小学校で理科がどう指導されているかというと、理科と実生活の関連を図る授業が少ないのです。「教えることが多くて教科書を進めるだけで精一杯」という言葉も聞かれます。本当に必要な理科専任の教員がすべての小学校に配属される、こういう時代にならないといけません。面白いことですが、理科教員を増やす話になると、必ず他の教科も同様に、という議論が出ます。この悪平等がすべての公的機関に蔓延《まんえん》しているのが、今の日本です。

やはり理科専科の教員がいる学校には、理科好きの生徒が育ちます。私立の小学校には専任教員がいるのですが、公立には少なく、ガスバーナーを恐る恐る使うような教員では、スムーズに実験が進むとは思えません。理科の楽しみを教えるのではなく、教科書を進めるのが仕事では、子どもは理科を好きになりませんね。

そこで私の考えは以下のようなものです。これは私の考えですから、国が進めているとは思わないでください。第一は大学受験を変えることです。つまり理系・文系の枠を取り払い、全員に物理・化学・生物・地学、これら全部を必修にするくらいにしないと、世界に追いつかないと思います。「子どもに負担がかかる」(本音は、教員が働きたくない)などという人には、辞めてもらいます。その代わり、課外活動などはすべてアウトソーシングします。こういうことを先導できる人が政治家にも教育委員にもいないのです。

第二は、理科に詳しい教員を小中高に採用することです。これが大事で、理系の大学院を出た、ある程度研究もやった経験がある人が教えるべきです。

第三の問題は、物化生地と4つに分かれていると、その間に入る分野が理科の中に入らない、という現実があります。理科という仕組みが、この4つに分かれていて、大学の理科教員養成から学術会議まで、この分類は広く我が国の仕組みの中に取り込まれており、この分類でお金や人事が動くため、既得権を離さない人が多くて、新しいものが入り込めないという事態が続いています。そのため、高校の生物に心理学を入れるなどということは、既得権が侵されることになるので、猛反対が起こるわけです。

†ちょっと一息、小学校理科

先ほど言いましたように、私は小学校の理科の教科書を作っています。我が国の将来の人材を育てる基本づくりに貢献したいという気持ちが強くあります。なるべくたくさんの知識に触れさせたいと思って重厚な教科書をつくると「時間内に教えられない」「置いてけぼりになる子どもがいる」と言われ、最低限の子どもに合わせた絵入りの単純な教科書にすると「簡単すぎる」「優秀な人材が育たない」と言われる損な商売です。皆さんも、もうお忘れになっていると思うので、ここでちょっと紹介しておきます。

小学校では、より進んだ理解を示す子どもと、そうではない子どもがいます。すなわち保護者が小さい時からしっかり教えて何でも知っている子どもと、親が全く生物や化学に興味がなかったために、一切そういうことに興味がない子どもがいるのです。だからある程度は平均的な教科書しか作れないのです。また数年おきに改訂が行われ、他社の良い部分を取り入れますから、ますます平均化します。そうすると、結果的につまらない教科書になってしまうのです。

ここからはご存じないと思いますが、文部科学省も、どの教科書も平均化しているという問題をちゃんと分かっていて、小学校3年生、4年生、5年生、6年生では何を教えなければいけないか、決めているのです。3年生では自然の楽しさを見いだしましょう。またいろいろな自然の事物・現象の共通性や差異に気づき問題を見いだしましょう。4年生はもう少し高度になり、難しい問題が出てきたときに根拠のある予想や仮説を立ててみましょう。5年生では、その予想や仮説をもとに解決方法を発想しましょう、考えましょう。6年生は自分で問題を見つけ追究し、主体的に解決法を見いだしましょう、となっています。このように順番にやれば、理科が好きになるのではないかと考えたわけです。

しかし先ほども述べたように、小学生には、より進んだ理解を示す子どもと抽象的な思考を理解する準備が整っていない子どもが、混ざっています。そこで、段階的に得られる知識を注入することの難しさは、お分かりになると思います。あまり難しいことを小さいときから教えてはいけないのです。一から順番に上げていって、だんだん難しいことを勉強しなければいけない。これを積み上げ型学習と言い、どの分野でも必要になります。だからある程度、そのことを考えて教科書を作らなければいけないのです。

†「ものの重さ」の教え方

本来、学習とは既知の知識から新たなネットワークを構築することです。端的に言えば、身の回りにある解決できない問題を自分の得た既知の知識から解決することです。この既存知識を習得するのが小学校の段階と考えれば、理解程度の異なる集団を相手に使う教科書というのは、その理解程度に応じた個別学習が可能なものになるべきです。しかし、これが難しいのです。

先生がどう苦労しているかをご紹介しましょう。小学校3年生の理科の教科書に「ものの重さ」という単元があります。消しゴムと鉛筆のどちらが重いか、どうやって調べますか、という課題です。簡単にはかりに載せればいいだろうというのは大人の考えで、それではダメなのです。3年生では、まず手で持ってみてどちらが重いかを考える。これが大事です。実際問題として、何か重さが分からないものがあったときに、どうするかというと、まず自分で持って調べます。そうすると大体どれくらいかということが分かる。まず、そういうことから入ります。

学校ではどう指導するかというと、いろいろなものの重さを比べてみて、もっと調べたいことを生徒同士で話し合わせます。つまり粘土でも形を変えると重さが変わるのかなとか、どんなものでも同じ大きさのものは同じ重さかな、などいろいろな疑問が出てきます。これは大切なことで、まず話し合って、自分の考えが正しいか、間違っていたらどうすればいいのかを学ぶのです。

粘土は形が変わっても重さが同じだ、ということは読者の皆さんだったら、すぐ分かりますね。そんなことは当たり前ですが、それを子どもたちに最初に教えるときには、こうやって40〜50分かかって、議論しながら教えていくのです。同じ大きさのものでも（体積や容積が同じ）、比重が違えば重さが違うのは当たり前ですが、そういうことを最初に習うのは3年生なので、時間をかけてしっかり教えるのです。皆さんの知識は、こうやって自分のものになったのです。

このような時間を過ごすと、子どもたちからはいろいろな疑問が出てきます。「はかりにのったときに、両足で立ったときと片足で立ったときでは重さが同じかな」。「立ったときと座ったときの重さは同じかな」。気になりますよね。皆さんだったら分かりますが、こういうことも、最初からきちんと自分でやってみたり、仲間とやってみて、初めて正しい知識が脳に蓄積されていくのです。理科の勉強の大切さはここにあります。

†「大きなヒマワリ」をどう伝えるか？（小学校3年生）

ここまでくると読者の皆さんは学校の先生の大変さが分かると思います。こういうことを全員にきちんと教えなければいけないのです。ここで小学校理科の教科書にある問題にチャレンジしてみてください。

さあ、3年生の教科書にある問題が分かるかどうか試してみてください。

はるかさんは自分の家でヒマワリを育てています。この日、大きく育ったヒマワリが花を咲かせたので、クラスのみんなに伝えることにしました。「私の家に大きなヒマワリがあって、今日、花が咲いたよ」と、はるかさんは言いました。しかし、この言い方でちゃんと伝わりますか、という問題です。

「大きなヒマワリ」という言葉から考えるヒマワリの大きさは、みんな同じでしょうか。「大きなヒマワリ」と言ってはいけないのではないか。もっと正確に、どれくらいの高さか言わなければいけないのではないでしょうか。

「大きなヒマワリ」という言葉を聞いた子どもは、ある女の子は「はるかさんの身長と同じくらいだと勝手に考えていたけど、本当の大きさは分からない」と考えます。もう1人の男の子は、「学校のヒマワリは先生の身長より高いから、それよりもっと大きいヒマワリかと思った」という意見です。もう1人の男の子は、「ホウセンカの草丈は物差しで測ってセンチで表したよ」。すなわち、大きさはきちんと何センチと言わなければいけないという意見です。このように、いろいろな疑問が出てくるのが小学生です。さあ、大きなヒマワリが咲いたということを、正確に伝えるにはどうしたらいいでしょうか。実は3年生でこのようなことを習うのです。

正解はこうです。ヒマワリの大きさを数字で表したり、みんながよく知っている、はるかさんの身長と比べたりして伝えると、聞いている人は同じ大きさを考えることができます。例えば、「私の家に高さが1メートル30センチで、私の身長と同じくらいのヒマワリがあって、今日、花が咲いたよ」と言えば、みんなにどんなヒマワリかが伝わるのです。

だから大事なことは、何かの大きさを誰かに正しく伝えるためには、大きさを数字で表したり、みんながよく知っているものと比べたりして話すべきである。小学校3年生で、こういうことをきちんと教える、すなわち、ものを定義して話をしないと議論が進まないということを教えることが大事なのです。

†実験は1回で結果が出る？（小学校4年生）

今度はレベルが上がります。4年生です。

あみさんたちは、花壇には草が生えているのに、砂場には草が生えていないことを不思議に思いました。そこで、水をすぐに通してしまう地面は草が生えにくく、水をゆっくり通す地面は、その分だけ長い時間水を含んでいられるので、草が生えやすいのではないかと考えて実験装置を作って調べることにしました。つまり、漏斗《ろうと》を置いて、土を入れるのと砂を入れるのをつくり、これらに水を入れると、どれくらい水が下に滴《したた》り落ちるかということを調べます。実際やってみると、2分間でたまった水の量は、花壇の土だと14ミリリットル、砂場の砂だと32ミリリットルたまっていて、結論としては、砂場の砂のほうが、さっと水を通すことが分かりました。この実験は、これでいいでしょうか。

子どもたちに、砂場の砂のほうが水が速く通りますということを教えるには、この実験でいいですかということを4年生で勉強するのです。もちろん、これではダメに決まっているのです。このような実験をしても砂場の砂のほうが通りやすいという結論は得られません。なぜだか分かりますか。

答えは、たった1回調べた結果だけで考察していいのでしょうか。すなわち、こういう実験を何回かやらないといけませんということを、4年生で教えるのです。実験は1回だけでは間違いが出てくる可能性があります。そこで3回実験を行う。結果は、子どもですから少しばらつくのですが、これらの平均をとるか、棒グラフで表せば、砂場の砂のほうが水を通しやすいことが分かります。

すなわち、われわれの身の回りの事象というのは、ばらつきがある。それを平均しなければいけないことを、ここで勉強するのです。だから、いろいろなところに疑問を持つことは大事ですね。そして自分で確かめる。平均をとる。

ところが問題があって、平均は小学校5年生の算数で習うのです。とすると、これは4年生の実験でしょう？　平均は習っていないでしょう？　どうしたらいいですかという問題が出てきます。だけど、こういうことは、習っていなくても、1年後に算数で教えるから理科で教えてはいけないことはないのです。将来習うかもしれないが、ここでもきちんと教える、という姿勢が大事です。

†対照実験が分かりますか？（小学校6年生）

最後に皆さんに、小学校6年生の問題を紹介しましょう。これは、かなり高度なレベルです。大学生に同じ問題を出しても解けない人がいるかもしれません（図2-6）。

ゆうやさんたちは、運動場で虫を運んでいるアリを見かけたときに、「アリは甘いものが好きだと思っていたのに虫を運んでいる。アリは本当に甘いものが好きなのかな」と思いました。そこで次のようにして調べました。㋐の容器には甘いものとして砂糖を入れ、㋑の容器には虫の代わりにかつお節を入れて、アリを1匹だけここに放しました。結果、アリは砂糖の入った容器のほうに行きました。このことからアリは甘いものが好きだと結論付けました。本当に実験はこれだけでいいでしょうか。

もちろんダメですね。こういう実験をするときはどうしたらいいのでしょう？　もちろんアリ1匹では不十分で、たくさんのアリでやらなければいけません。何匹ものアリを使って平均をとることが大事です。それが足りない第1点です。ここにも程度問題があって、2、3匹では足りず、100匹では多すぎです。このような実験では10匹程度で十分です。

正解はこうです。実は第1章でも言及した対照実験が必要なのです。第2点は、これ以外に必要な実験は、容器の大きさを同じにして行う、です。片一方は丸い容器で、もう一

方法

㋐の容器には、甘いものとして砂糖を入れ、
㋑の容器には、虫の代わりにカツオブシを入れる。
そこに、アリを１匹だけ放し、アリがどちらの容器に行くかを調べる。

結果　アリは砂糖の入った容器に行った。

考察　このことから、アリは甘いものが好きだと考えられる。

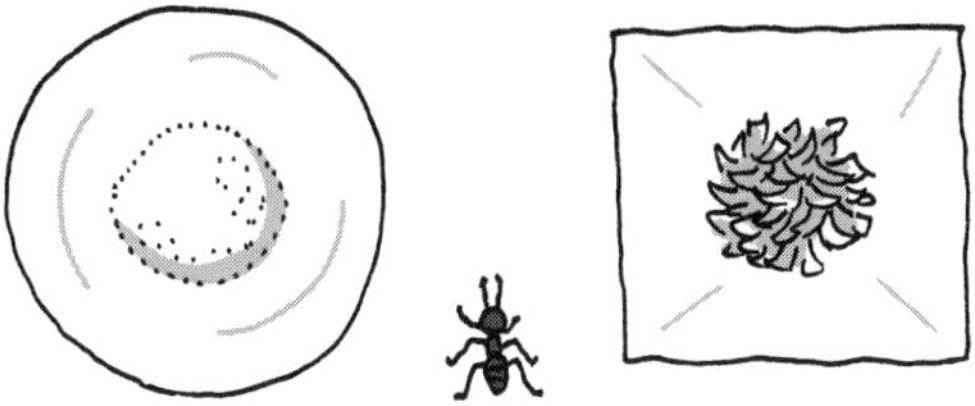

㋐砂糖　　㋑カツオブシ

図 2-6　この他にどのような実験が必要ですか？

方は四角ではダメ、片一方はプラスチックで片一方は紙でもダメです。同じものにする必要があります。

　他にどうすればいいでしょうか。実験では、アリを放してから一定時間後に測定しなければいけません。放して1時間後では遅過ぎます。アリはいろいろなところに探しに行きますから、放してから10分後とか30分後と決めて測定しなきゃいけません。決めた時間に、皿の中に何匹アリがいるかを測定しないといけないのです。これが第3点。

　第4番目に、白くて甘くないもの、つまり砂糖の代わりに小麦粉などを

同じ量だけ入れることも大切です。これも対照実験ですね。これがあるから、白いものではなく甘いものに寄って行ったと結論付けられます。このように、実験にはいろいろな考察が必要だということがお分かりになったでしょうか。6年生では、こういう、実験内容を自分で工夫することが大切な勉強になるのです。

†理科は役に立つ！

理科は意外に難しいと感じましたか？　でも、これだけではいけません。理科の教科書は楽しい、という内容も必要です。例えば、理科で習った磁石の力を使ってものづくりをしたり、ゲームをつくるページもあります。

また、理科で勉強したことをグラフで表すことも大切です。グラフを見れば、ホウセンカの草丈が大きくなったのが一遍に分かります。数字で書いてあるだけでは具体的に分からないこともデータを別のものに書き直すだけで頭に入ってきます。こういう知識も理科で最初に教えます。棒グラフは算数で勉強するのですが、その前に理科で応用することによって、算数での知識を確実にすることができるのです。いろいろな学年で勉強したことをうまく合わせていき、科学の概念を子どもに植え付けるように教科書は作られています。

実験は、やればいいというものではありません。勝手に家でやると危ないものもいっぱいあります。だから小学校では、安全面への配慮も大切な履修事項になっています。水の入ったビーカーを火で温めるときには、直接ビーカーを手で触らないとか、水面から何か飛ぶかもしれないので眼鏡をするなど、いろいろな安全対策も学びます。

もう一つ大切なのは、理科を勉強して、それが私たちの社会にどう役立っているかという点です。一見、一番社会生活に遠いと考えられる数学で習うサインやコサインも、建築、地球、宇宙に深く関係しています。

例えば金属とは何ですかという勉強をするときには、金属は熱が伝わりやすいことを学ぶだけではなく、金属は強く重く長持ちをするもので、しかも全部が重いのではなくて、中には軽くて丈夫なものもある。だから飛行機がつくれるわけです。金属はどこから取るかというと、地中からです。だから地殻や化合物の知識も必要になります。また理科から派生した科学技術は、いろいろなところに応用されていて、良くも悪くもいろいろな側面がある（原発など）ということも勉強しないといけません。

†サイエンスコミュニケーションの作法

第1章では、英国の理科教科書にはサイエンスコミュニケーションが含まれているとお話ししました。実は、我が国の小学校の教科書にも、ひとかけら程度の作法が含まれています。そのことを紹介しましょう（サイエンスコミュニケーションの詳しいことは第4章で）。

例えば、小学生同士がいろいろなことを勉強したとします。そのあと、理科ではその結果をポスターにしたり、人前で発表したりすることを学びます。調べるのも1人だけではなくグループで調べることもあります。グループワークの作法を学ぶわけです。

モンシロチョウを勉強するときには、モンシロチョウが頭・胸・腹からできていて卵から成虫になるまでを学ぶだけでなく、どういう場所のどの植物の近くに棲んでいて、どの季節に出てくるという社会に近いことも勉強することになります。分野の融合といって、同じ理科の中でも、季節のこと、動物・植物のことなど違う分野にまたがった学習をし、それをまとめて、みんなの前で発表することもあります。これは、自分の知識を他人に正確に知らせるというサイエンスコミュニケーションそのものです。同時に、ポスターの作り方やデータのまとめ方も習いますので、ほぼ中高生と同じ事柄を学んでいるのです。

このように小学校の理科の教科書には、結構難しいことが入っています。小学校の勉強は、中高で勉強することの基本を学んでいるのです。だから、これからの人生で非常に大切なことも含まれますよ、と指導してほしいのです。

†中高生の学力

このあたりから中学、高校の理科の中身を紹介していきましょう。小学校でこれだけ均一の教育をしているので、日本の中高生の学力というのはだいたい同じレベルに達していると思うでしょう。しかし、そうではないのです。これはちょっと古いデータですが、高校生の大学進学率を調べたものがあります(2014年10月15日、朝日新聞デジタル)。高校生が、全員大学に行っているかというと、そうではないのです。一部の県では50%以上の高校生が大学へ行っていますが(60%を超えるのは東京都と神奈川県、関西では京都府と兵庫県のみ)、北海道、東北地方や九州、四国地方では宮城県、福岡県以外は進学率が50%未満で、40%を切る県も少なくありません。これは、進学意欲の差ではなく経済格差があるということです。本当は、勉強したい人は誰でも勉強できるようにしないといけないのですが、日本にはこれくらいの経済格差があって希望しても大学に行けない人がいることは、

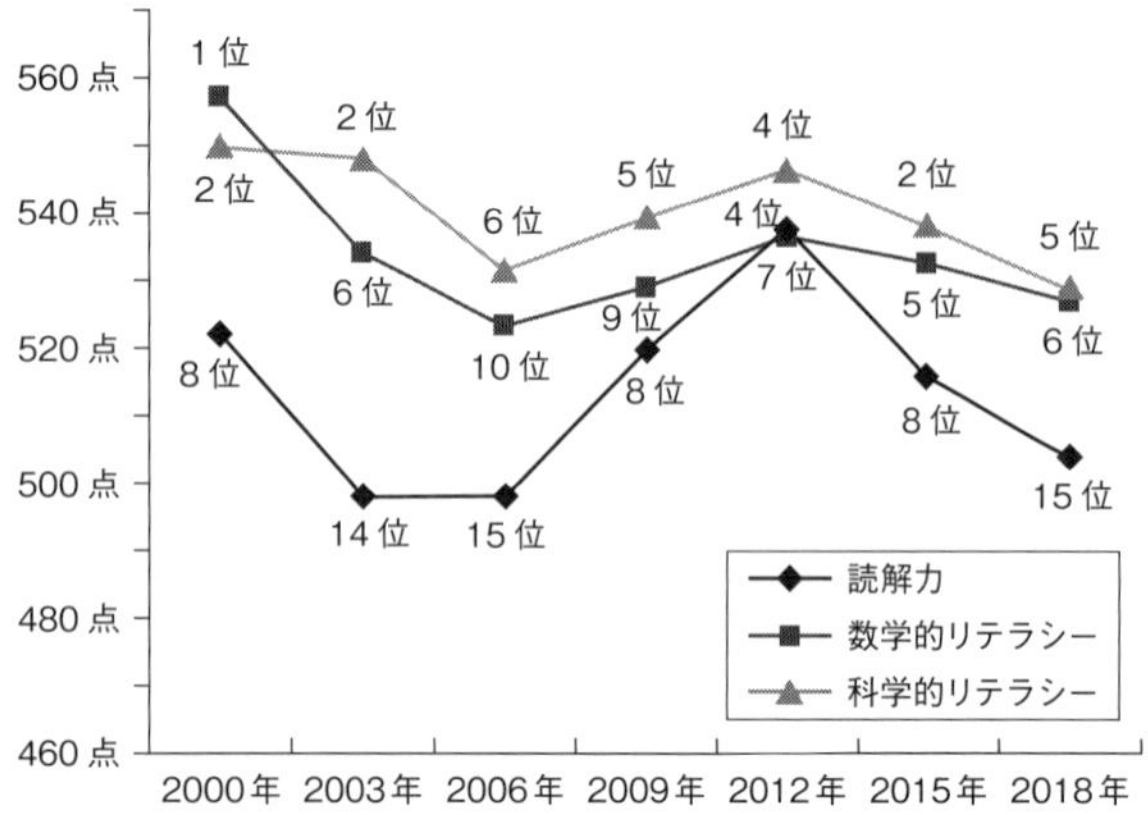

図2-7　PISA国際学力テストにおける日本の成績の推移

知っていただかなければいけないことです。

経済格差に比例して、高校生の偏差値も明らかになっています。偏差値が高いところは関東と中部から近畿にかけてのところで、データはほぼ高校生の大学進学率と比例していることが分かります。

それでは、世界と比べてみましょう。中学3年生の学力はどうなっているかというと、21世紀に入ったときに成績がぐんと下がったのです（図2-7）。これではいけない、と何かを変えたら、成績が上昇しました。なぜ成績が下がったかというと、学習する内容や時間を極端に減らしたゆとり教育が問題でした。ゆとり教育を行うようになって、学校での勉強時間が少なくなったのです。なぜこういうことを文部科学省主導で行ったか本当に不思議なのですが、たぶん、外国のまねをしたのです。役人は、何か新しいことをやらないと自分の手柄にならないので、教育先進国である英国のまねをするのが通例になっています。理数探究もアクティブラーニングも全部物まねです。まねでうまく行くこともあるのですが、ゆとり教育に関しては失敗でした。

昭和の時代は、土曜日はみんな真面目に授業していました。会社も、少なくとも午前中は働いていました。ところが外国では土曜日は休みにしているから、日本も休みにしましょう、ということになりました。1992年からです。楽をしようという提案に反対する人はいません。ところが、ゆとり教育が始まったら、日本の子どもの学力が世界に比べて低下してきたのです。これではいけないと、2006年あたりから脱ゆとり教育に転換しました。そうしたら、また成績が上がってきたのです。

つまり勉強時間というのは、すごく大事なんですね。これは当然です。子どもたちの能力には、そんなに差はないのです。差があるとすれば、それは勉学に集中する時間に比例します。大学院生でも、研究時間が長い人のほうがよい結果を得る確率が高いのです。私は100人以上の大学院生を直接指導した経験がありますが、論文になるような結果を出す人は、研究室にいる時間が長い人でした。

†ランキングあれこれ、教え方あれこれ

面白いことがあります。先ほど述べたように、ゆとり教育で成績が下がってきて、脱ゆとり教育で上がってきたのですが、問題はここからで、脱ゆとりに戻ったのに、また成績が下がってきたのです。2012年に比べて、2015年、2018年とまた下がってきました。これはなぜだと思いますか？　これは推測ですが、多分、教師の実力が低下してきたのではないかと考えます。そうではないと思う先生方は、私に証拠を見せていただきたいと思います。

もっと大きな問題もいろいろあります。令和3年の情報通信白書によると、日本のコンピュータのリテラシー、情報リテラシーというのは、世界で現在27位だというのです（2020年のデジタル競争力ランキング）。**図2-7**のデータでは読解力、数学的リテラシー、科学リテラシーはまだ20位以内に入っているのですが、情報リテラシーは2013年あたりからずっと下がってきているのです。

これは、国際経営開発研究所が発表しているデジタル競争力ランキングと呼ばれているもので、アメリカ、シンガポールあたりがずっと上にいて、日本は韓国、台湾あたりに抜

かれて27位です。だから、もっと小学校くらいからデジタルに強くならないと、コンピュータを使いこなせないことになります。PISA国際学力テストもコンピュータを使う解答になってきましたので、成績が下がったのは単純にコンピュータを使い慣れていないせいかもしれません。

しかし一番大きな問題は、教え方ではないでしょうか。教え方は、何が難しいと思いますか。ある大学で、教え方が上手な先生はどのような先生か調べたデータがあります。それは、①説明が上手で、②興味深く教えてくれる、そして③知識を獲得したと実感できる教師なのです。同じことを説明するのも、ただ教科書を読むだけではなく、いろいろな例を引いてそれに関わる楽しい話をしてくれる先生が一番良い先生だったのです。板書がきれいかどうかとか、プリントをちゃんと作ってくれるかどうか、少しは関係があるかもしれませんが、メインではなかったのです。良い先生というのは、説明が分かりやすく、授業内容に興味がそそられ、しかも深い。

そこで、特に上手な授業とはどういうものかというと、導入が上手なこと。話し始めてすぐに(1分以内)、これは面白い内容だと分かるような授業です。よく考えると、これは学校だけでなく、選挙公報、PTAでの校長先生の話、お笑いタレントの芸、結婚式での祝辞、皆同じですね。授業だと、ただプリントだけを上手に作ってもダメなのです。配布プリントが完璧な先生がいますが、それでいいなら、授業は必要ありませんね。一番良いのは、少ない資料を上手に活用した、知りたいことを手際よく教えてくれる、学生のニーズに合った授業なのです。

例えば、どの大学でもやっていると思いますが、できない学生のために補習授業というのがあります。資格試験の合格率を宣伝している大学では、医師国家試験、薬剤師試験、臨床検査技師国家試験、リハビリ認定などの合格率を高めるために、試験合格目的の授業を展開しているところがあります。

しかし「補習」というと、みんな来ないのです。基礎知識が足りないときには、例えば「物理基本マスター」などと別の授業名にする。そうすると、みんな一生懸命習うことが分かりました。高校で物理を習わなかった人を対象に、大学へ入った時点で、高校物理を教えるという授業をリメディアルと言います。これをやらないと、大学1年生の授業についていけないのです。しかし「補習」と言うと、必修にしない限り自主的に集まっては来ません。「楽しい物理」とか「マンガでわかる高校物理」などという名前にすると教室に来るのです。

皆さんはジャーナリストの池上彰《いけがみあきら》さんをご存じでしょう。彼は、こういうことが上手なのです。彼の話を聞くと、難しい経済の話でも国際情勢の話でも、易しく頭に入るように聞こえるでしょう？　それは聞いている人のニーズに合わせて、話題を選んでいるからです。一度、そういう目で見てください。彼の目の付け所が違うことが分かります。

†中高の理科の問題点

そこで、何度も言いますが、小学校では半数が「理科が好き」と言っているのに、中学校に入るとそれが半減するのが問題です。この原因は、理科の内容が難しくなってくるためです。理科の中に、難しい科学的概念が出てきはじめます。生物では遺伝の法則、化学ではイオン、物理では力と計算などです。このあたりになると、自習では追い付かず、先生の教え方が問題になるのです。

また中学生でも「理科は大事」と思ってはいるものの、数学や国語と比べると大切さの度合いが落ちてきます。数学で習っていることなど、大人になったらほとんど使いません。でも中学生は、これらが理科よりも役に立つと思っているのです。これらに比べて、理科は役に立たないと中学生が考えている。これはすごく不思議なことですね。

もっと調査すると、理科で勉強したことは将来社会に出たとき役に立つと思いますかという質問に対して、小学生よりも中学生のほうが役に立たないと考えているのです。この原因は明らかに教師です。理科で習うpHなどは、ただ計算式や酸アルカリと教えるのではなく、pHの変化が何の役に立っているかということを教えないといけないのですが、教科書にはpHの計算式やpHが7より大きくなるとアルカリ性という事実しか書いていないので、生徒はそこを丸暗記するのがpHの勉強と思い込むのです。

†なぜ理系を選ぶのか

今の日本では大学受験の時には、否応なく文系か理系を選ばないといけません。なぜなら、受験科目が異なるからです。ところが文理を決めるのは高校によって異なり、高校1年生で文理選択を決めさせて残りの時間を受験科目に専念させるところと、すべての科目を学ばせもっと後で文理に分けるところがあります。もちろん後者のほうが良いに決まっていますが、受験実績を考えると背に腹は代えられないと前者を選ぶ高校もあります。この傾向を見て、中学校の時から決めさせる親もいるのです。

そこで、なぜあなたは理系を選んだのですか、その選択の動機となった一番重要な人や事柄は何だったでしょうと理系の人に聞いた結果をご存じでしょうか。親または親族が32・0%、先生が26・4%、テレビが15・4%、科学者やイベントが3・2%でした。子どもの文理選択の原因（または選択を勧めた）は親とか先生が半数以上なのです。これはどういうことかというと、子どもの文理選択は、本人が自分の将来に責任をもつのではなく、誰かに言われて決めることが多いのです。もちろん、「理科の成績のほうがいいから理系学部のほうが入りやすいですよ」という指導のせいかもしれません。でもこの中には「将来、楽な生活のためにお金が儲かると言われている医者になりなさい」とか「自分の老後の面倒を見てほしいので、高校生の娘には地元にいて医者になってほしい」という親の勝手な願望が入っていないとは言えません。

もっと驚いたのは、理系のイベントや科学館がほとんど役に立っていないことです。「理科好きにするには楽しいイベントをやればいい」という役人が多いのですが、それは自己満足にしかなっていないのです。科学館やイベントよりも、圧倒的に親の圧力のほうが強いのです。先生の力もあります。逆に言うと、良い先生をつくるということは我が国の将来を決めるほどの重要事項なのです。これを調べたのは、昔、早稲田大学にいた大槻義彦先生です。私もこのデータは正しいと思います。

私の友人の松田良一さん（東京大学名誉教授）が、もっと面白いことを調べてくれました。各国の高校の生物教科書はどれくらいあるかという調査です。アメリカの生物教科書の全ページの面積の合計は55㎡、スロベニア39・6（以下、㎡は省略）、イギリス30・0、オランダ28・2、中国16・7と続きます。日本は13・4と韓国と並んで（13・5）、下のほうです。これほどページのボリュームに差があり、日本は少ないのです。つまり高校の教科書が小さくてつまらないのです。楽しくないのです。日本の教科書の良いところは、「小さくて持ちやすい」などと言われているのです！　アメリカみたいに厚くて重くて持てないような教科書で勉強するのが本当なのに、日本の教科書は、高校生だってこんなペラペラな教科書を使っている、ハハハ、と笑われているのです。ひどいでしょう？

もう一つ、大きな問題があります。それは、物化生地の分類がはっきりし過ぎているので、その範疇《はんちゅう》に入らない分野は教科書に入ってこないのです。また、研究者にも問題があります。例えば用語の不統一です。私たちの筋肉について、医学用語では「線維」とlineの線を使いますが、生物学用語ではfiberの「繊維」を使うことが不文律になっています。こういう単純な用語も統一されていないのです。これでは、いろいろな本に書いてある用語が違っていて、初心者は戸惑うに決まっています。

また、頑張る生徒をエンカレッジするために、国際科学オリンピックというのに参加していることはご存じでしょう。よく新聞に、誰それが入選した、と書いてありますね。国はこういうところにまで目を光らせているのか、日本のために頑張っているな、と思いますか。こういうものは文部科学省が主導していると思うでしょう。とんでもない！　実際に手弁当でやっているのは大学を定年になった先生とか、ボランティアの高校の先生なのです。こういう人材に頼らざるを得ないのが実情で、国はここまでの余裕がない（そういう人材もいないし、意欲もない）ことも知っていてください。

†これからの高等教育

問題点ばかり挙げたので、今度は、文部科学省や学会が行っている良い実践を紹介しましょう。一つは第1章にもあげたように、高校生に自由に研究をさせ、大学とか学会で発表させるという仕組みが出来上がってきたことです。これは大学入学後に行うことの前倒しであり、生徒にとってもやる気が出る取り組みです。

この他に、私たち研究者も今の中高生の状況をまずいと思っていて、いろいろな取り組みを始めています。数学の専門家が、どうやって中高の理科を支えているか紹介しましょう。数学はすぐには役に立たないのだけれども、なぜ大学入試に数学を入れるかというと、論理の通った文章を書く訓練のためと言われています。論理というのは国際交渉にも必要です。つまり論理立てて物事を考えることを学ぶために数学が必要なのです。足し算や引き算に代表される計算のやり方だけが数学なのではありません、というのが専門家の意見です。

これからの21世紀に必要なビッグデータの解析は情報学、統計学の一部です。ところが統計は高校数学の中では、ほんの一部の人しか習いません。情報も小学生から学ばなければいけないのに、情報を教えることができる先生が小学校にほとんどいないのです。小学校と中学校では、ほぼ素人の先生が情報を教えているのです。

統計の場合は、何のために統計が必要かということを教えなければいけません。また情報の場合も、情報技術、IT技術が物化生地で習った分野とどう結び付いているかということを教えなければいけないのです。しかし難しいことがいっぱいあって、例えば放射能がどれくらい危険かということを物理だけで教えてはいけないわけです。つまり放射性物質がどれくらい存在すると人間に対して危険か、ということに関しては、統計的知識だけではなく、今、住んでいる社会の状況とか宗教的知識も必要になります。放射能がちょっとでもあると危険と考える人が多くいる宗教の一派の子どもに対しては、放射性物質の知識だけを教えてもいけないことになります。人々の安心がどこから来るか、すべての危険は確率で表すことができ、それを危険と思うかどうかは人間の考え方に依存するという観点での教育が必要になるわけです。

そこで理科で何を教えるべきかという面では、第1章でお話ししたように理数探究とサイエンスコミュニケーションを加えるべきだという議論があります。サイエンスコミュニケーションには、先ほどの発表の仕方なども含まれますが、科学がどう発展してきたかという歴史、科学を実践するのに必要な倫理なども大切なものになります。今の日本の理科教育ではこのあたりのことが抜けています。21世紀になって、少しずつ追加されてきたというのが現状です。

これは私の考えですが、小中高の理科に、これからこういうのを入れていかなければいけない、というものがあります。例えば物理では、放射線の勉強はもう少ししなければいけません。また、現状教えている内容では、数学とのつながりが弱い部分が多く、数学を使って物理現象を説明することも必要です。化学は難しい化学式だけを覚えるのではなくて、化学が何に使われているかということや、現在の進んだ化学分析技術なども少し教えないといけないでしょう。

一方、生物では動物・植物・DNAというくくり方では時代遅れです。これ、ご存じですか。大学入試の生物は、通常3問が出題されるのですが、分野が動物・植物・DNAと決まっている大学がほとんどです。分子、細胞、進化、発生という内容も、人間主体の生物学に変えないといけません。加えて、脳科学、医学、薬学、心理学、運動科学の内容も必要です。地学にしても、地球、太陽、宇宙の話だけではなくて、もう少し地球環境とか資源のことを長い時間のスパンで考えさせないといけません。

これらにプラスして、統計やビッグデータ解析が必要です。こういう多角的な分野、すなわち教科融合型の理科が早晩生まれてくるはずです。

†我が国の特殊事情に特化した理科

ちょっとまた小学校の話に戻ります。最近の小学校の理科では、環境問題と防災という特徴が顕著に表れていて、文部科学省は「これら2つに力を入れなさい」と指導しています。理科の中の防災は、我が国の理科教育の中でも際立った特徴です。一般の防災は社会で習う分野なのですが、地震・台風・風水害などの自然災害が多いのが我が国の特徴なので、理科の視点から学ぶ小学校の時期に一緒に学ばせようとして、このような指示があるのだと思われます。

例えば小学校理科の教科書にハザードマップが入っています。火山の爆発が起こったときに溶岩がこう流れ出しますから、住んでいるところが近くの人は危ないです、とこのような地図がいろいろなところに配られています。もちろん、大事です。日本みたいに地震や火山の爆発が頻繁に起こる国では、こういうことも理科の中で勉強しなければいけないのです。

また日本は、気候変動が他の国よりも大きいように見えます。毎年のように水害が起こったり、線状降水帯という聞きなれない専門用語がテレビで頻繁に聞かれるようになりました。しかしハザードマップを作るだけではダメなのです。もっと大切なのは、実際何か災害が起こったときにどう逃げたらいいかということを行動で示さないといけないわけです。「地震が起こったときには、必ず、すぐ逃げなさい」と言われており、親が来るまで学校にいてはいけないのです。もう一つは、何か災害が起こったときに、高齢者や障害者の人が周りにいたら、そういう人を守ってあげなければいけない、そういう理科教育も必要です。つまり「みんなでつくる防災」が大事です。すなわち私たちが行動できるような防災教育がこれから必要になってくるのです。これは日本の理科教育の特徴として非常に良いことだと思います。

また最近ではＳＤＧｓが指導案に入っていないとまずいという雰囲気を醸《かも》し出しています。ＳＤＧｓとは、Sustainable development Goals といって、将来の経済的な目標です（図2-8）。経済環境社会で、17の目標を決めましょうと、２０１５年の国連サミットで採択された２０３０年までの国際目標です。今は２０２２年ですから、もう半分の期間が過ぎているのです。半分過ぎたのに、このような、ある意味きれい事をやろうとしているわけです。でもこのような標語がないと、みんな一生懸命やらないので、国連先導の貢献の一つになります。小学生はこのＳＤＧｓを目標にして、いろいろな教科で世界の事情を学んでいます。

そこで、皆さんにちょっとお聞きしてみたいのです。

問1　この17個のところで、企業が一番貢献できると言っているのはどれでしょうか。

問2　この17個の中で、一番市場規模が大きいのはどれでしょう。

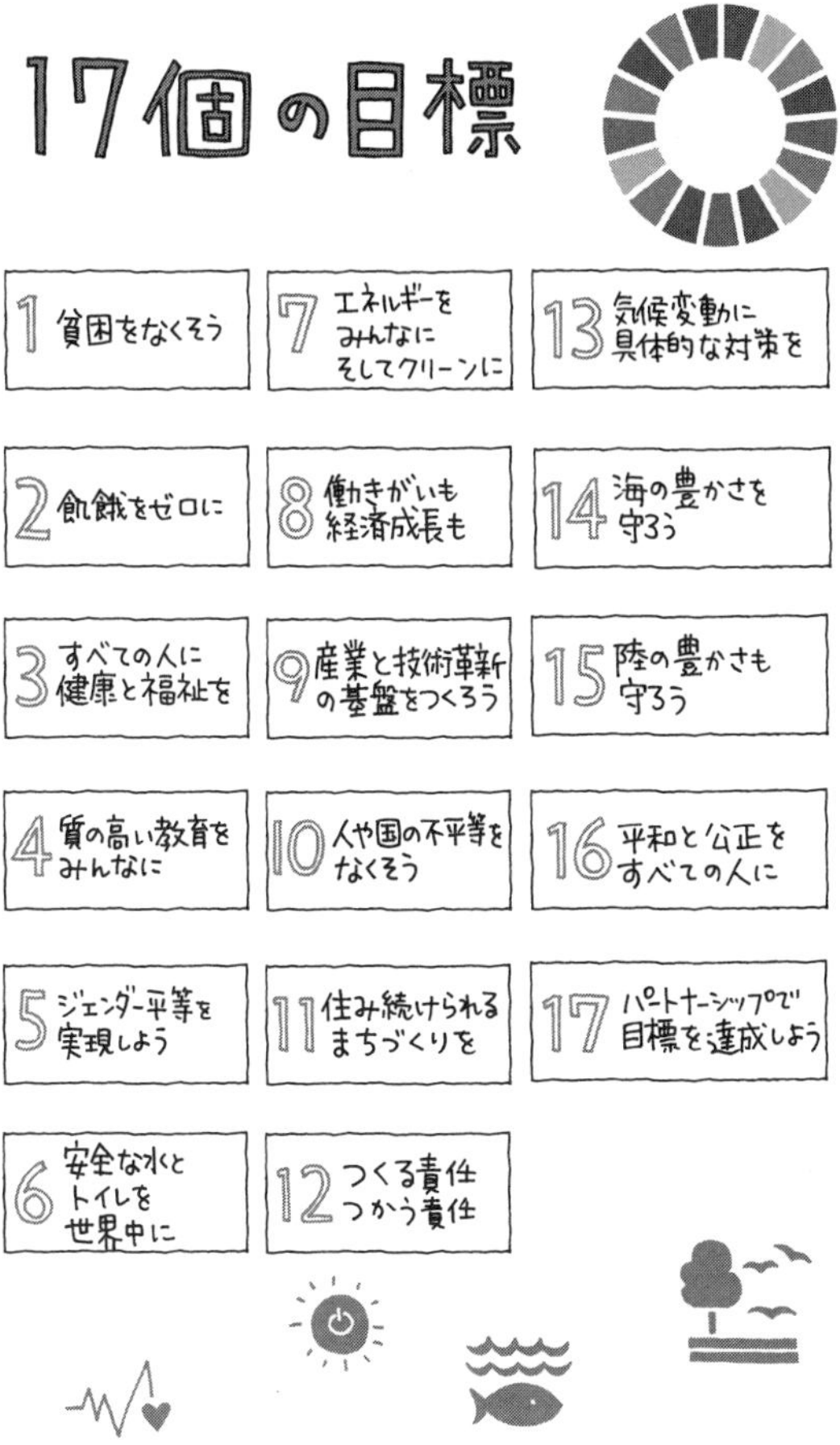
17個の目標
1 貧困をなくそう
2 飢餓をゼロに
3 すべての人に健康と福祉を
4 質の高い教育をみんなに
5 ジェンダー平等を実現しよう
6 安全な水とトイレを世界中に
7 エネルギーをみんなにそしてクリーンに
8 働きがいも経済成長も
9 産業と技術革新の基盤をつくろう
10 人や国の不平等をなくそう
11 住み続けられるまちづくりを
12 つくる責任つかう責任
13 気候変動に具体的な対策を
14 海の豊かさを守ろう
15 陸の豊かさも守ろう
16 平和と公正をすべての人に
17 パートナーシップで目標を達成しよう

図 2-8　SDGs とは

市場規模が大きいというのは、企業が何かやって一番儲かるのはどれか、ということです。企業だって、儲からなければ何もしません。解答はこうです。問1では、企業が貢献できるのは、エネルギーをクリーンにすることや経済成長だし、気候変動に対しても参画できると企業が言っています。逆に貧困をなくそうとか飢餓をゼロに、という点に関しては、これは企業がいくら頑張ってもできませんね。

問2に関しては、前の問1とは違うのです。市場規模は、はっきりと7番「エネルギーをクリーンに」が一番なのです。だから、いろいろな企業が太陽光発電とか二酸化炭素排出量、その他何とかかんとかに加わるようになっていったのです。海の豊かさを守ろう、などはいくらどう頑張っても市場規模は上がりそうもないですよね。

だからSDGsは、きれい事なのですが、ある程度は一般の企業が参加してくれないといろんな仕組みが変わらない。そういう意味で、市場規模の大きさや、どうやったら一般企業が参画してくれるかを考えることも必要です。

†まねの教育から独自の教育へ

個人情報の保護、地球温暖化、生物多様性、SDGsなどの海外からの輸入品をそっくりそのまま取り込み海外のまねをするのが正しいというのが文部科学省のいつものやり方です。自分からのアイデアがないとこうなるという典型例です。私は、防災に焦点を当てることだけは我が国独自の正しい理科の方針だと思いますが、他のものはまね事として評価しません。

例えば3Rのお話をしましょう。3Rというのは資源有効活用の3Rで、ごみを捨てたりするとき、「Reduce、Reuse、Recycle」といって、ごみを減らしましょう、再使用しましょう、捨てないでリサイクルしましょう、という運動です。このような項目も理科で学習します。何でも英語にする首長がいますね。英語がかっこいい時代はもう過ぎました。

そこで、ちょっとこぼれ話を。「環境保全」という言葉は、よく見かけます。ふるさとの自然を守り育てる活動のことを環境保全と言っていますが、正式には間違った言葉遣いです。「保護」と「保存」と「保全」の違いをぜひ皆さん覚えてください。何かを保護するというのは、対象物に対して外部からの改変しようとする力を除いて自然状態のままにしておくことです。例えばイヌワシを保護しましょうというのは、イヌワシが住んでいるところもイヌワシもそのままにしておきましょうということです。

ところが、ヨシ原、ヨシはアシ（葦）のことです。ヨシの生えているところを保存しましょうと言いますね。保存とは何かというと、必要に応じて修復や外部からの改変の力を除いて、そのままの形を維持することです。これは、どういうことかというと、外から何かを切ったりしないで、ヨシ原をそのままの状態にすることを保存と言うのです。ところが、教科書で使っている保全とは何かというと、より良い状態にすることです。合理的な利用のために改善することや人工的に改善することも含む概念なのです。

つまり「環境を保全しよう」と言うときには、自分の都合いいように直すことも入っているのです。しかしこれは、私たちの考えていることと違いますね。環境、私たちの里山を、例えば保存しようというのは分かるのです。そのままにしておきましょうという意味です。しかし、里山を保全しましょうというのは、自分たちの都合のいいように変えていきましょうということです。この違いをよく覚えていてください。

最後にちょっとだけ日本の特徴をもう一つご紹介しましょう。それは、国による教育の違いです。日米欧の専門分野別の大学卒業者数の違いです。日本は芸術・人文学と工学の卒業者が多いのに対し、アメリカは社会科学（政治学、経済学）と理学、欧州は工学、理学、保健分野が多いことが分かります。大学の卒業者の分野が大きく違うのです。特に日本は、役に立たないと考えられている理学の卒業生が少ないのが目立ちます。

【問A】次の文を読みなさい。

> アミラーゼという酵素はグルコースがつながってできたデンプンを分解するが、同じグルコースからできていても、形が違うセルロースは分解できない。

この文脈において、以下の文中の空欄にあてはまる最も適当なものを選択肢のうちから1つ選びなさい。

> セルロースは（　　　　）と形が違う

①デンプン　②アミラーゼ　③グルコース　④酵素

図2-9-1　読解力を試します。「AI vs. 教科書が読めない子どもたち」新井紀子（2018）より

これから分かることは、日本は役に立つ学問に力が入り過ぎているのではないか、という点です。前にも述べましたがある企業経営者が、「大学では就職してすぐ役に立つことを教えてくれ。意味のない数学や文学は少なくしてもいいから」と言ったことがありました。経営者の役に立つことというのは、一生自分の下でアリのように働いてくれればそれでいい、という傲慢《ごうまん》な言い方です。そういうのが一部教育委員に入っているのが、現在の日本です。

常識を問いますね

付録に3題（図2-9-1、2-9-2、2-9-3）。これらは小学6年生、中学生、高校生、社会人を対象として基礎的読解力を問うもので、新井《あらい》紀子《のりこ》

【問B】次の文を読み、メジャーリーグ選手の出身国の内訳を表す図として適当なものをすべて選びなさい。

メジャーリーグの選手のうち28%はアメリカ合衆国以外の出身の選手であるが、その出身国を見ると、ドミニカ共和国が最も多くおよそ35%である。

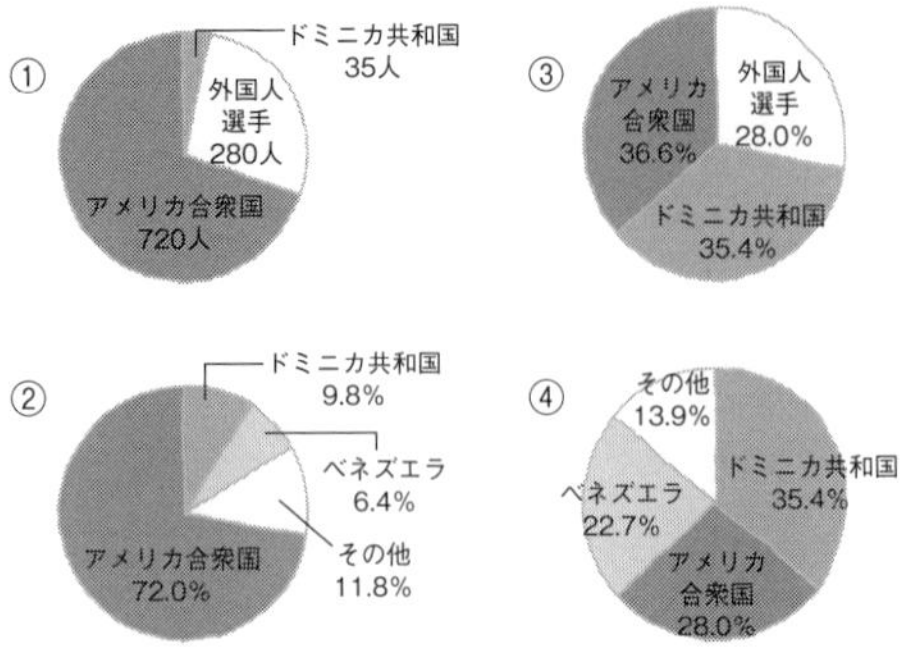

図 2-9-2 （新井前掲書より）

先生の有名な本からの抜粋です。簡単で、本書の読者のように高い資質を持つ人には失礼な問題ですが、これらをぱっと読んで、答えは、①〜④のどれでしょうか。ちょっとやってみてください。1分あればできると思いますが、できないとまずいと思います。

問Aは言葉遣い、すなわち読解力の問題です。アミラーゼはデンプンを分解するが、形が違うセルロースは分解できない、という文章です。デンプンもセルロースも、同じグルコースか

【問C】次の文の内容を表す図として適当なものを、①〜④のうちからすべて選びなさい。

原点Oと点(1,1)を通る円がx軸と接している。

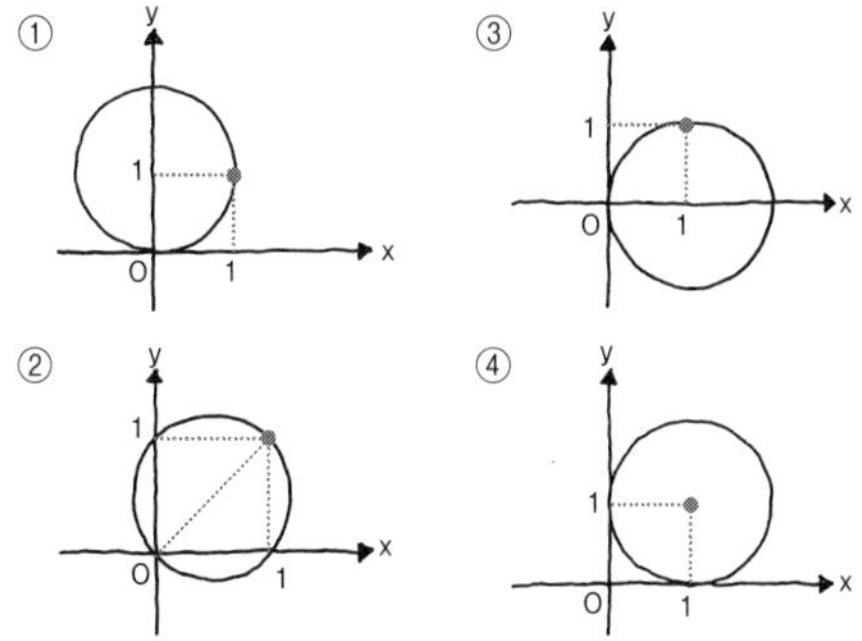

図 2-9-3 （新井前掲書より）

らできているということが、陰に隠れています。となると、形が違うのはデンプンとセルロースになります（正解①）。

次の問B。グラフがちゃんと読めるでしょうか。メジャーリーグの出身国の内訳を示す図がありますね。メジャーリーグの選手のうち28％はアメリカ合衆国以外の出身の選手であるが、その出身国を見るとドミニカ共和国が最も多く、およそ35％です。この文章に合っているグラフはどれかというものです。28％がアメリカ以外ということは、アメリカは72％で、これに合うグラフは①と②。28％のうちドミニカが一番多いのは②です。

問C。これだったらできるでしょう。

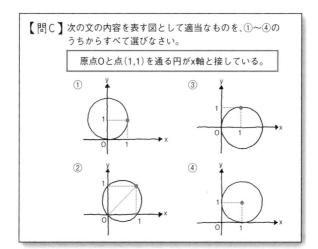

x軸と接しているのが①と④。原点Oと点（1,1）を通るのは①ですね。これ分からないとまずいと思います。

ところが、どの年齢層でも、大変低い正答率だったとのことです。私が大学の授業でこれらの問題を出してみると、問題の意味を正確に理解できない大学生が多いのです。問Aのような問題を簡単に間違えてしまうのです。

本章では日本の理科教育の特徴、特に小中高の教育の特徴についてお話ししました。日本の教育が、このようになっていることをご理解いただけたらいいと思いますし、これについて少し考えていただければ嬉しく思います。

第３章
大学、大学院で身につけたいこと

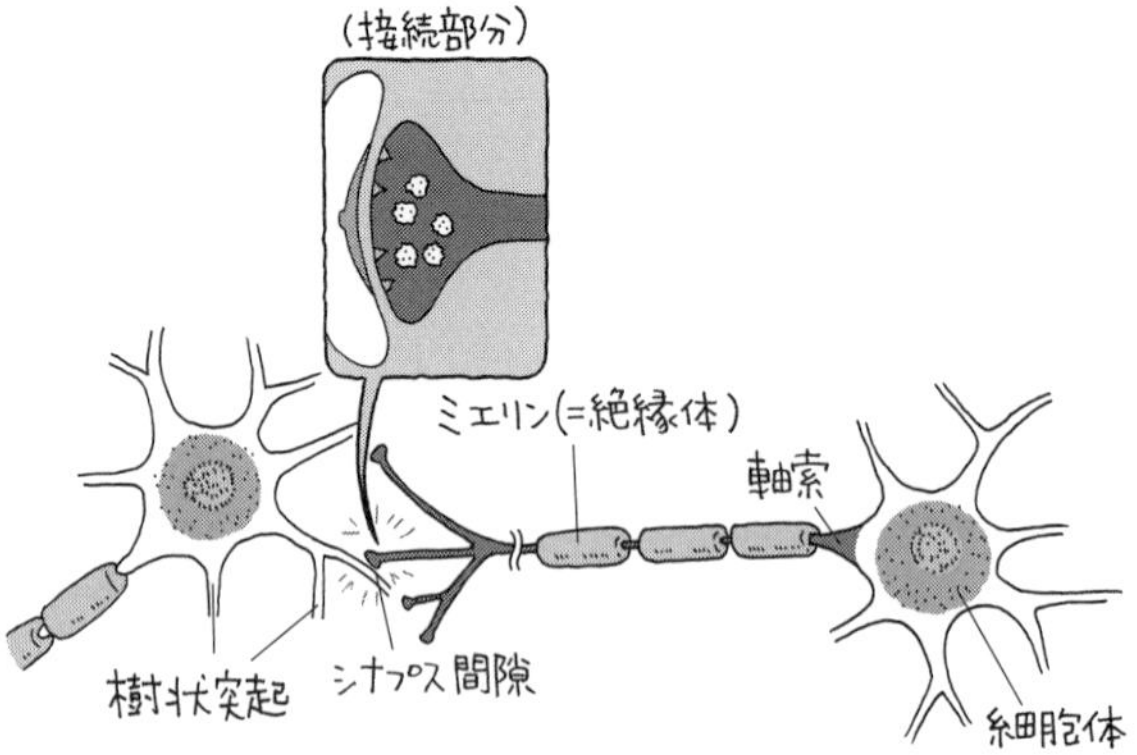

図 3-1　脳の中の神経細胞（ニューロン）の模式図

学びと教えの大切さ

この章では大学での学びを考える前に、脳がどうして作られるかという話から入りましょう。私は専門が神経の分子生物学ですので、こういうことにまず興味があるのです。誰にとっても興味深い話だと思いますのでお聞きください。

まず脳で私たちの心を生み出しているのが神経細胞です（**図3-1**）。状態の変化を簡単に図で紹介しましょう。生まれたての赤ちゃんの脳の神経細胞は、大人に比べれば少なく、出生時にはパラパラという状態です（**図3-2**）。それが3か月たつと結構いっぱいに増えてきてお互いの連絡も多くなってきます。神経細胞は星形の細胞体とそれから出る長い軸索からできています。細胞体も多

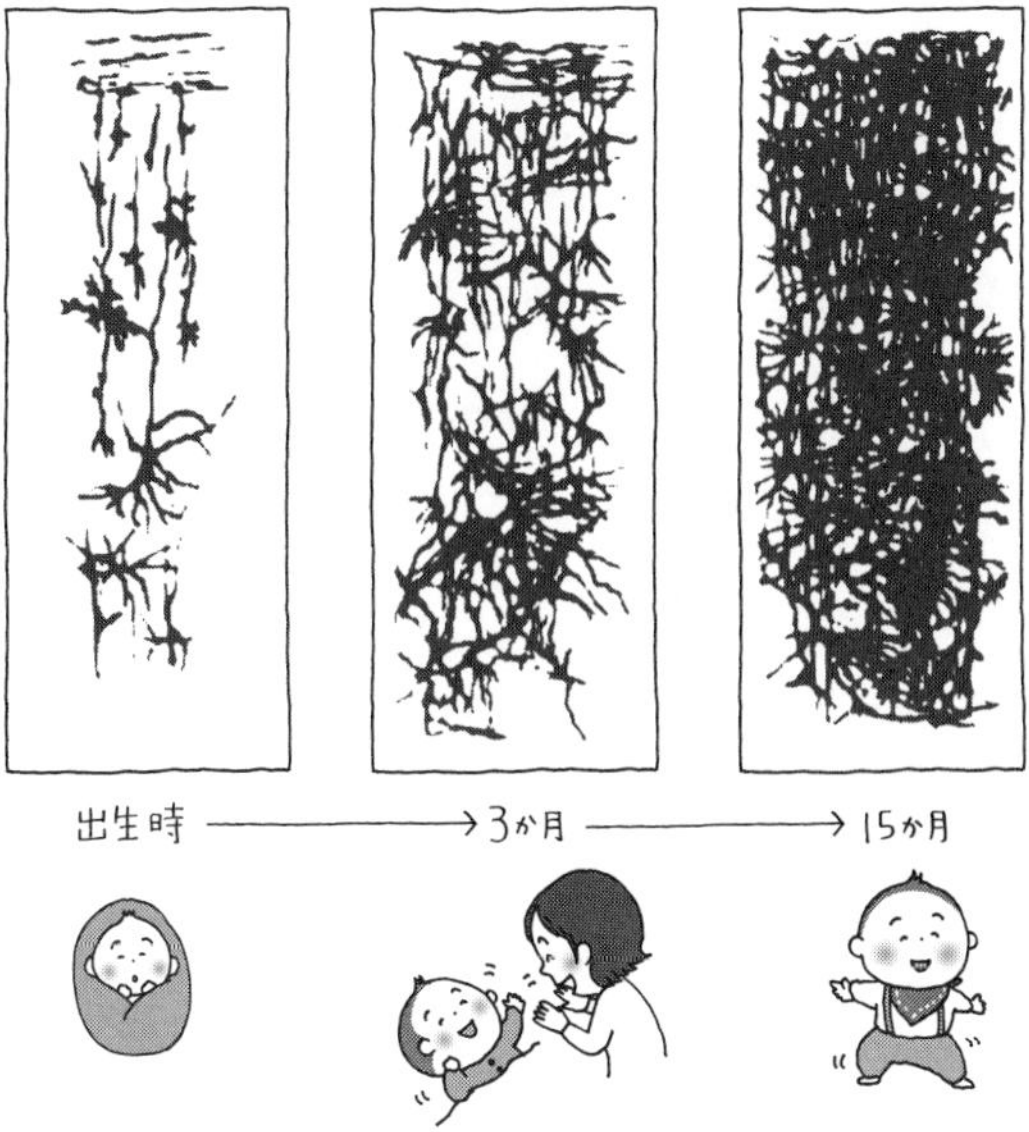

図 3-2　脳の神経細胞の状態

角形状をしておりその先端にはいくつもの樹状突起があって他の軸索からの信号を受け取るのです。この受け取るところをシナプスと呼びます。1つの神経は周囲の5000もの神経とシナプスを形成しているとも言われています。

ところが1歳を過ぎると**図3-2**のように脳の中は神経細胞に満ち溢れてきてごちゃごちゃの状態になります。シナプスがたくさんあるということは、神経と神経のつながりがたくさんできたということになります。

分かりますね、回路ができてきたのです。

成長と脳の神経細胞のシナプス数の変化を表したのが**図3-3**ですが、この図をご覧になって驚くことはありませんか。シナプスの数は8か月でピークになって、ここから減っていきますが、なぜ減るか分かるでしょうか。このことを「刈り込み」と言います。神経と神経は、最初は無造作に結合するのですが、次第に大事なものだけが残るようになります。大切なものだけが残るというのは、重要な神経回路ができるということですね。

図3-3で明らかなように神経回路が大体できあがるのは10歳くらいで、そのあとは70歳までほぼ変わりません。つまり刈り込みがきちんと行われて、10歳までに、大人になってから一生使う回路ができあがるのです。

ここから分かることは、最初の1年、赤ちゃんのときの栄養摂取が非常に大事だということです。つまり1歳までに十分に栄養を与えて神経細胞の必要数を満たさないといけないのです。赤ちゃんの時の食事が重要です。その後、何が大事かというと、10歳までに刈り込みを行わなければいけない。これが教育、学習なのです。ちゃんとした情報を子どもに与えて、学習を行わないと神経回路がつくれませんということを示す図になります。ここで教育が大事だということになる。

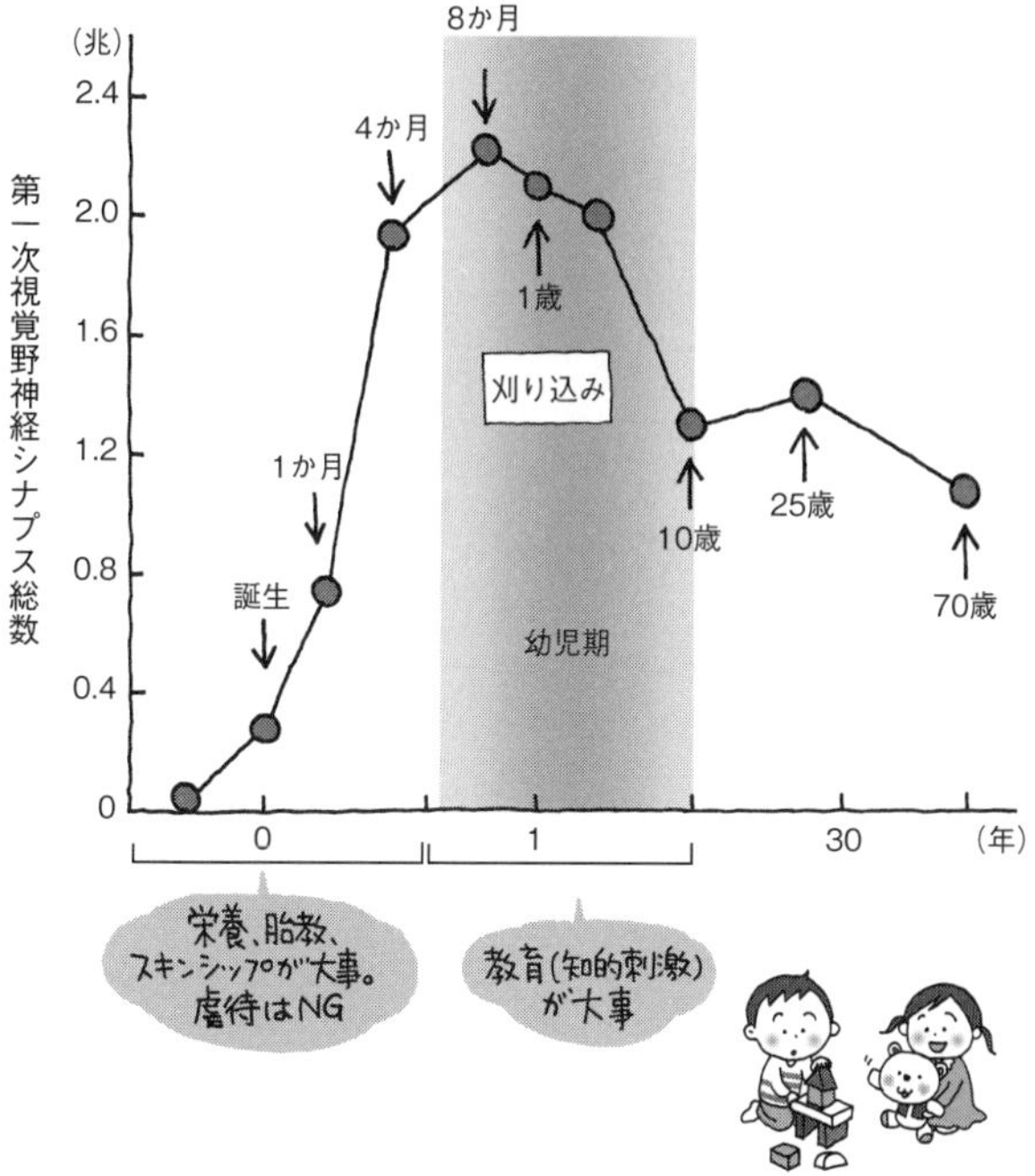

図3-3　脳の神経細胞の数の変化。Huttenlocher, P.R.(1990) より

ただし教育というのは、塾に行くことではありません。普通の知的刺激、すなわち10歳までに、幼稚園や小学校に通うだけではなくて、保護者と一緒に動物園や美術館へ行くとか、自然に親しんだり動植物に触れあったりする経験です。もちろん、箸の持ち方などの生活に必要な知識を得ることも大事です。

だから皆さんご存じのように妊娠中の食事（赤ちゃんの脳はお母さんの食べ物で作られます）や胎教と同時に、赤ちゃんのときの家庭環境、保護者とのスキンシップ、リラックスした子育てが重要で、生まれたての赤ちゃんを虐待するなどは脳の発育に大きく影響します。栄養をしっかり与えるのは当然のこととして、子どもが大事なら、まず教育です。子どもの教育というのは塾へ通わせるだけではありません。10歳までのいろんな知的刺激が教育なのです。

幼児教育の効果は大人まで

1960年代に米国のミシガン州で行われたペリー幼稚園プログラムを紹介しましょう。教育上リスクの高いアフリカ系アメリカ人に行ったプログラムで、3歳から4歳の子どもを対象にしたある意味重要な実証実験です。まず先生に、心理学などの修士であるプロの人をリクルートし、先生1人、子ども6人の少人数クラスをつくって、午前中に2時間半、読み書き、歌を週3日教える、というものでした。これを2年間続けたのです（もちろん対照として、こうしなかった子どもたちの群もつくりました）。普通の幼稚園と違うのは、週に1回、必ず1時間半家庭訪問をして、おうちでどう過ごしていますかなどの状況をきちんと親に尋ね、対処することを行いました。

その結果、何が起こったかというと、このプログラムで育った子どもは、やる気とか粘り強さ、自制心、リーダーシップがあって、創意工夫ができるようになったのでした。今流行《はや》りのレジリエンス、復元力といいますが、何か悪いことが起こっても立ち直りが非常に早い、そういう子どもに育ったのです。文科省がいうところの「生きる力」です。そういう子どもが育ったことが、このプログラムで証明されました。

これは120人ちょっとの子どもが対象の1960年頃のことです。重要なのは、このプログラムで育った子どもたちがその後どうなったかということです。フォローアップしたのです。何と6歳の時点で、もうIQは他の子どもよりも高いことが分かっていました。19歳では留年や中退を経験するリスクが少なかったのです。このプログラムに加わった地域のアフリカ系の子どもたちは、当時、放っておくと、留年や中退をしたり、非行に走ることが多かったのですが、そういうリスクが低かったことも分かりました。27歳の時点で、持ち家を持っている確率が高く、生活保護の受給率が低かったという結果も得られました。素晴らしいですね。40歳まで見たのですが、逮捕経験が少なく、所得や有職率、貯蓄率も非常に高いことが分かりました。なんと50歳での追跡調査では、彼らの子どもたちにも影響があり、高校の卒業歴・薬物依存・逮捕経験・フルタイム就業のすべてで、プログラム経験者の子どものほうが未経験者の子どもよりも良い成績であることが分かりました。

受けた本人だけではなくて、その子どもにも好影響を与えるのです。教育の効果というのは、自分だけではなくて、その子どもたちにも行き渡るということも分かりました。その子どもたちもしっかりと教育を受けて、安定した仕事に就き、反社会的な行動または犯罪に関わる確率が非常に低いことが、何と50年後に分かったのでした。

つまり教育の効果を調べるには、フォローアップも非常に大切なのです。ひょっとすると大学のあの先生の授業がいい、あちらが悪いと言う話を普段しているかもしれませんが、あのときのあのつまらない授業のあの先生のあの話が私の人生にとって結果的に重要だった、ということが20年後に分かるかもしれないのです。教育の効果は即効性ではなく、長い目で見ることが大事です。

†頭の良さは遺伝か環境か

つまり私たちが社会にどう適応していったらいいか、その要領は、ほとんど小さい時の教育、すなわち環境で決まります。双生児がほとんど同じ能力を持つので遺伝要因が大切と言い切る人もいますが、双生児の共有する環境（両親の育て方、兄弟姉妹）もほとんど同じなので、似ていることが遺伝のせいとは言い切れません。学習には環境がとても大切なのです。

少し専門的ですが、非共有環境というものがあります。これは一卵性双生児でも学校で別のクラスに入るようなものです。先生や友人が異なりますし、片方が感染症に感染して入院した、という場合も非共有環境になります。この場合には、子どもの性格がこの非共有環境にかなり左右されることも分かっています。

それでは、遺伝要因はどれくらい学習過程に関与しているのでしょうか。皆さんの周りでも頭が良いと言われている人は、その子どもも頭が良いことが多いと思ったりしませんか？　しかし遺伝というのはそういうものではないのです。遺伝で決まっているのは、多分、学習に関与する素因です。素因とは何かというと、集中力が持続する時間や読む速さ、読んだ事柄が頭に入る速度などです。そういうものが遺伝で決まっているのではないかと私は思います。賢い子の家へ行くと、本がいっぱいあったり、親が夕ご飯の時にテレビを見ていないのです。ちゃんと毎日、親御さんは決まった時間に部屋に入り、勉強しているのです。そういう家で育てば、本を読むことが当たり前になり、食事の時間は親子の対話の時間になります。親も興味があるので小さい時から博物館や動物園などに行く機会も多くなり、親が興味を持たないゲームには関わらず、遊園地には行かなくなるのです。教育というのは、そういうものです。

そこで**図3-3**をもう一度よく見てください。先ほど刈り込みは10歳までに起こると言いましたが、脳の部位によってその時期が異なり、皆さんの知的機能に関わる前頭前野という部分は、実は成人のときまで刈り込みが続くことが明らかになりました。どういうことかというと、成人になるまでしっかりと教育を受けることが、神経回路を固定することになるのです。きちんとした教育を受けている人は寿命も長いことが分かっています。身体が健康ということは脳も健康だということになります。賢い人は、煙草を吸わないなどの健康的な行動をとるため脳にダメージが少なく、結果的に長寿になるのです。

†教育への投資が最重要

人間とチンパンジーが根本的に違うのは、神経のでき方です。人間は、神経が成熟するのが遅いのです。ニューロンのミエリン化、すなわち軸索の周りに絶縁体のミエリンというものが作られますが（図3-1参照）、人間の場合はこれが遅くまで続くのです。今からでも勉強し始めて遅くはありません。人間の脳は可《か》塑《そ》性《せい》があるのです。

そこで、国として将来のことを考えると、何に投資すべきだろうかと前々から言われてきました。人口が半減するのにあちこちにマンションを建てる時代じゃないだろうとか、人口過密な大都市ではなく中小都市の里山を開拓して国民全員が自給自足できるようにしたほうがいいとか、中小都市をすべて捨て去り大都市に集中して生活したほうが効率がいい、などのいろいろな意見が出ています。しかし一番大事なのは、幼児教育ではないかと言われています。高齢者を連続雇用する、これも大事ですが、高齢者はいずれいなくなりますし、生産性も低下します。これからの高齢化社会で老人に働いてもらうことはもちろん大切ですが、それは二の次です。一番は、減少する一方の働き盛りの人たちの生産性を高めることです。

それならば教育への投資が大事なことは、お分かりになりますね。特に幼児教育です。このためには、不良教師を入れ替えることも必要です。力不足の教師はいっぱいいます。いったん教員になると辞めさせることは難しく、しかも毎年の人事評価が行われていると は到底思えません。小中高にも大学にもそういう方がいます。そのような教師を入れ替えるとともに、従来の講義形式の教育から生徒参加型の教育に変えていくことが大事です。

当然、教育のIT化が必要になります。新型コロナウイルスのパンデミックがきっかけになって、必然的にリモート教育を行わざるを得なくなりましたが、良いこともありました。リモート教育が功を奏した事案がいくつも出てきたからです。特に、科目によってリモートのほうが効果が出た情報教育などは、今後、教え方も変えていかないといけなくなりそうです。

皆さんご存じのように、この50年で写真のプリントをしてくれる写真屋さんがなくなりました。電話ボックスの黄緑の電話も見かけなくなりました。アメリカなど海外の国では、本屋、CD屋、ラジオ局、地方紙などがなくなってきました。第1章でもお話ししましたが、AIで代用できる職業もなくなりそうです。薬剤師、医師、法律家などがそれに当てはまります（多分、既得権を守るために必死に抵抗するでしょうが）。教員という職業はなくならないでしょうが、生存競争は激しくなるでしょう。

†教育は脳を変える

教育の効果の例を、ちょっとご紹介しましょう。ここから少しプロ並みの解説ですが、聞いていただければ嬉しいです。教育で実際に脳の構造が変わるという話です。

私たちの神経細胞というのは**図3-1**のようになっていて、神経細胞の末端から物質が放出されます。この物質（神経伝達物質）が次の神経細胞の細胞膜上にある受容体に結合して、電気が流れていきます。この伝達物質は神経によって異なり、アセチルコリンという物質が分泌されたり、ドーパミンという別の物質が分泌されたりします。神経の間の隙間（シナプス間隙と言います）に放出された物質は、またトランスポーターというところから元の神経細胞に回収されていきます。つまりリサイクルされるのです。

こうやって電気が伝わっていくわけですが、面白いことに同じ神経同士に何度も何度も電気が伝わると、受け取るほうの構造が変わってきて、とげみたいなものが作られてきます。これをスパインと呼びます。スパインができることで、余計に電気が流れやすくなるのです。

この神経細胞の構造の変化を目で見ることができます。いいですか。皆さんの神経細胞というのは、1個の神経細胞が周囲の神経細胞5000個くらいと連絡を取り合っています。すなわち、スパインのあるところが神経と神経の接点です。ここをシナプスと呼ぶのです。今では、スパインを可視化することができるようになりました。神経同士のつながりが多いと、スパイン数も多くなります。スパインの数は回路の数を反映しているのです。

私たちの神経が何億個あるか分かりませんが、1つ1つが5000個の神経とつながっているとすると、膨大な数の回路ができていることになりますね。よく勉強する人は頭が良くなると言いますが、勉強すると何が起こるかというと、スパインができるのです。つまり勉強（教育）の効果は、このスパインの数で分かるのです！

だから皆さん、一生懸命繰り返し勉強すると、特定の神経間で電気が流れやすくなり、神経回路ができる。神経回路ができたかどうかは、スパインの数で分かるというわけです。

問題は、スパイン形成が記憶とどう関係するかという点です。例えば、リスの脳におけるスパインの密度は、冬眠中に劇的に低下して冬眠後に上昇することが分かっています。寝ているときは神経回路は要らないわけです。起きているときは、いろんな刺激があるのでスパインの数が多くなるのです。ところがリスは、冬眠の前にドングリを埋めた場所をちゃんと覚えています。だから冬眠前に学習した課題をちゃんと覚えているのは、眠っている間もある程度スパインが残っているせいだということがリスの研究から分かってきました。

動物の他の研究では、ラットは発情期にはスパインの密度が減少するが、月経周期の早いうちに学習した事柄は覚えていることが分かっています。もし人間でこういうことが起こったら怖いですよね。私は人間のデータは知りません。しかしラットではこういう事実も報告されているのです。

†言葉と脳

皆さんにブローカの有名な話をご紹介しましょう。ブローカは、19世紀の有名な医者です。脳にあるブローカ野はご存じでしょうか。ブローカの患者さんに、レボーネ（ルボルニュ）という名前の人がいたそうです。この患者さんは脳卒中のために「タンタンタン」としか言えなかった。でも相手が何を言っているかは理解した、と言われています。自分がしゃべろうとすると「タン」としか言えないかわいそうな患者さんでした。だけどメロディーは歌うことができたそうです。不思議な患者さんですね。その患者さんの死後の脳を、ブローカが取って残しておいてくれたのです。今から150年も前のことでした。ブローカが取っておいた患者さんの脳には、脳卒中の跡が見えたのです。それは左の脳の前頭葉の後ろのほう（現在ではブローカ野または言語野）、運動言語中枢と呼ばれているところです。

つまりブローカ野が脳卒中で壊れたら話すことができなくなったことが明らかになりました。すごいですね、ブローカは150年前にこういうことを見つけていたのです。ついでにブローカにまつわる面白いお話を紹介しましょう。ブローカは当時このようなことも言ったのです。「一般に、脳は老年期よりも青年期のほうが大きく、女性よりも男性、普通の才能の人よりも優秀な人、劣等人種よりも優等人種のほうが大きい」。今こんなことを言ったら、女性にひっぱたかれますよね。その当時は、ああそうか、ブローカ大先生の言うとおりだと、みんな思っていたのです。

ブローカがこのように言うものですから、ゲッティンゲン大学の5人の優秀な教授が、「私が死んだら脳の重量を測定してほしい」と言い残して亡くなったのです。そこで亡くなった教授たちの脳重量をブローカは測定したのです。その結果、亡くなった5人の教授たちの重さは標準に近いことが分かりました。

それを見てブローカは自分の理論を撤回したでしょうか。優秀な人たちの脳のほうが大きいと最初言ったのですが、ゲッティンゲン大学の教授たちはそうではなかった。ブローカは自分の理論を撤回しなかったのです。ブローカが何と言ったかというと、「教授たちはそれほど優秀ではなかった」と言ったのです。面白い話でしょう？　ブローカはそれくらい自分の理論に自信を持っていたことになります。

†オンライン世代のトリセツ

新型コロナウイルスの蔓延《まんえん》で学校が閉鎖され、長く対面授業ができない期間が続きました。その分、良いこともありました。遠隔（オンライン、リモート）授業が行われるようになったのです。前々から、科目によってはオンラインのほうがよさそうだと考えられていましたが、持ち運び型コンピュータ（ノートパソコン）が全員に行きわたらないことや、通信環境を整えることが困難などの問題でなかなか実施できなかったのです。ところが新型コロナのおかげで、小学校から大学まで遠隔授業をせざるを得なくなり、強制的にオンライン授業が始まりました。大学を例にとってご説明しましょう。

一般にリアルタイムの授業では、ＺｏｏｍかＴｅａｍｓというソフトが使われます。基本操作はほぼ同じで、大学はお金を払ってソフトの使用権を買い取り、授業を行います。学生は家にいて、あるURLをクリックすれば授業につながるようになっています。教員は家（または研究室）にいても授業ができるのです。大学の対面講義と同じで、図を示したければ前もって作っておいたパワーポイントの図を指し示しながら講義ができます。

もう一つの授業形式は、前もって講義を録画しておき、学生は好きな時間に見ることができるオンデマンド授業です。皆さんはどちらがいいと思いますか。実は、両方に良い点・悪い点があるのです。

リアルタイムの授業では、学生はその時間に机の前にいて授業を聞かねばなりません。授業が続くと大変疲れます。1回きりですので集中しなければならないのですが、質問があったらその場でできるので、臨場感は残ります。また朝早くから学校に行かなくても済みますね。

一方、オンデマンドにも利点があります。好きな時間に、寝っ転がって視聴することも可能です。つまり自分のペースで見ることができ、分からないところは繰り返し視聴も可能です。問題は教師とのコミュニケーションが取れないことで、すぐに質問ができません。

また、1週間にオンデマンド授業をいくつも履修すると大変なことになります。なぜなら、オンデマンドでは2倍速、3倍速で見る学生が出てくることが分かりました。だんだん面倒になってくるためです。それを防ぐために教師は課題を出すのですが、課題が多いと負担が大きくなるのです。一般に課題提出期間は、授業開始時間（対面でいうと、授業がある時間）からちょうど1週間以内に設定されており、期限通り課題を出さないと欠席になります。

私も授業をしているのですが、課題を提出するのは9割が提出期限日当日か、その1日前なのです。つまり、見なければならないビデオがたまってきて見る時間が取れないので、倍速視聴をするらしいのです。困ったものです。また課題も制限字数を設けて、学生に負担を強いることがないように、という指令も出ています。1回の授業のレポートはA4用紙3枚程度が普通ですが、この場合は500字以内など簡単なものが多いようです。ある大学では「なるべく要求文字数を少なくするように」という非公式の指令を出しているようです。

そこで、リアルタイムオンラインかオンデマンドのどちらの学生の成績が良いかを調べてみると、圧倒的にリアルタイム視聴の学生のほうが良いことが分かってきました。オンデマンドでは、一部の学生はちゃんと見ていないのです。しかし、全部の授業をリアルタイムにはできない事情があります。例えば、ある日に実習があって対面授業が必要だとします。残りの時間がオンラインだとすると、学校内にオンラインを受講する部屋（場所）がないといけなくなります。コロナ禍では、広い教室も間を空けて使わなければならず、収容定員が半減するため、全部の学生を収容できないのです。

また興味深いことも分かってきました。リアルタイムは大学1年生が好み、2、3年生はオンデマンドのほうを好むことも分かってきました。1年生は高校のような規則正しい生活に慣れているのでしょう。学年が上がると、1限からラッシュに遭ってまでも学校に行きたくないという学生が多くなるのかもしれません。

†オンラインあれこれ

オンライン授業には、いろいろな問題点もあります。一番は経済的負担を学生に強いることです。iPadなど接続する機器を買ったり、Wi-Fiにつないだりするのにもお金がかかります。また学校に行かないので友人ができません。そしてなぜかは分かりませんが、学力が低下する。レポートが多い、疲れる。何も良いことがありませんね。でも新型コロナの2年間で、オンラインのほうがよいという学生が半数を超えるようなりました。

オンラインに慣れたこともありますが、とにかく朝早くに学校に行かなくてよい、という意見が一番なのです。困ったもので、大学を出たらどうするのだろう、今からそれに備えたら？　というのが老婆心からの忠告です。

ところがなんと、教員もリモートを望むことが分かってきました！　けしからんことに（文系や家で仕事をすればいい数学、物理系の）教員も朝早く学校に行きたくないのでした。こんなオチでは困ります。

そこで大学では、オンラインと対面を自由に選ぶハイフレックス授業を取り入れることにしているところもあります。こうすると普通の学生は対面授業を選ぶのですが、ある特殊な学生はオンラインを選ぶことも分かりました。皆さん、オンラインを選ぶ学生は、①コロナがこわい神経質タイプ、②家が遠く、雨が強い日に行きたくない天候依存タイプ、③友達と話したくない孤独タイプ、このどれだと思いますか。答えは②でした。

ところが授業風景はコロナ前とは違っていて、以前は先生の話を聞いてノートをとるのが普通でしたが、今はほぼ全員コンピュータを前にして授業を受けており（ハイフレックスなのでコンピュータでも授業が受けられる）、まるでリモート授業を１つの部屋で受けているような光景も見られるようになりました。

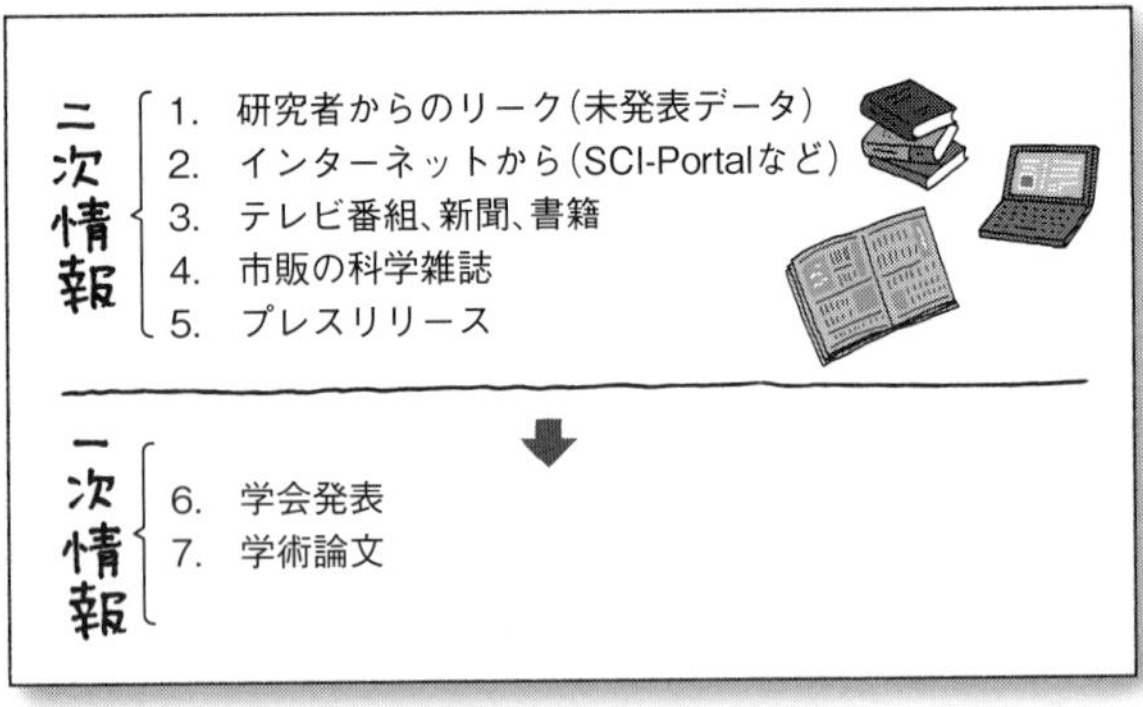

二次情報	1. 研究者からのリーク（未発表データ）
	2. インターネットから（SCI-Portalなど）
	3. テレビ番組、新聞、書籍
	4. 市販の科学雑誌
	5. プレスリリース

| 一次情報 | 6. 学会発表 |
| | 7. 学術論文 |

図3-4 データの信頼性をどこから得るか

†正しい科学情報とは

皆さん、正しい科学情報とは何でしょうか。テレビのアナウンサーの解説、新聞の三面に載る新規発見の記事と大学教授の意見、新聞の解説委員の書く署名記事、などなど、科学に関するものは身の回りにあふれています。これらはすべて正しいものでしょうか。

図3-4を見て下さい。ここには信頼できるデータがどこにあるかの目安が書いてあります。特に科学では、数値を含むデータが多く、統計などの知識がないと本当に正しいのか、単に正しく見えるのかを判定できない場合があります。特に信頼性を担保するのは、そのデータの出どころです。

普通、自分の知らない新しい情報をどこからとってくるかと言うと、大体大学生の皆さんはインターネットから取ってきます。このインターネットの情報は、新聞記者などのマスコミの専門家が海外のニュースをそのまま翻訳することが多いのです。海外の有名論文誌は、プレスリリースと言って、雑誌発表日に、同時にその内容を簡単にプレスに配布します。論文誌の宣伝も兼ねていて、内容にインパクトがあれば世界中に配信されるからです。一般に著者ではなく科学ライターか同業者が客観的に書くことが多く、そのため信用度が高いのです。大学が出すプレスリリースは著者本人が書くため、資料については信頼できますが、自分の都合のいいことしか書いていないので、少し信用度が落ちます。准一次資料でしょう。

このようにインターネットからの情報というのは二次情報といって、他人の書いたものを新聞記者やインターネットの記者が翻訳したものです。それをそのままレポートとして書いてくる学生さんがいますが、もとの論文を参照するというのが大切です。次に信用できるのは学会発表ですが、まだ論文になっていないと書いてあったら、信用度はガクッと落ちます。また単なる宣伝であることも多いのです。

市販の科学雑誌は玉石混交です。我が国で最も権威があるのは「日経サイエンス」です。これは「Scientific American」誌の翻訳ですが、内容も著者も一流です。テレビや新書は、話半分に聞いておくといいでしょう。まだ論文として未発表のデータを知り合いの研究者から聞いた（こういう時には「びっくりするようなデータで、あなただけに教えます」と言うのが常套《じょうとう》手段です）、などというのは最低の信頼度です。公的機関のＨＰに載っている最新ニュースの代表例である科学技術振興機構（ＪＳＴ）のサイエンスポータル（ＳＣＩ-Ｐｏｒｔａｌ）は、新聞記事程度と考えていいでしょう。

学術論文の中でも、特に信頼できるのがメタアナリシスです。ある情報が正しいかどうか不安になったら、メタアナリシスを調べるという方法があります。メタアナリシスとは１００個の論文の研究結果を総合的にまとめて「ある薬が病気に効くかどうか」「遺伝子組換え食品は安全か」などということを調べる研究です（図3-5参照）。これが一番確実な研究結果です。特に、ある薬が効いたか効かないか、などというのは、相手が日本人だったり欧米人だったりする結果を全部まとめるわけですから、メタアナリシスで非常によく分かります。このメタアナリシスの結果で怪しいサプリメントが大丈夫かどうかが分かるのです。

情報源それぞれの利点と問題点を簡単にまとめておきます。

・インターネット　↓　事の真偽をチェックする必要があるが、情報が速い。
・書籍　↓　少しデータが古いところが難。
・テレビ、新聞　↓　面白いところだけがフィーチャーされていることがある。
・科学雑誌　↓　信頼できるデータが多い。
・研究者からのリーク　↓　未発表データを開示すること自体異例で、こういう場合は、よく調べなければならない。本人の宣伝の場合も多い。
・プレスリリース　↓　雑誌、大学、研究所が行う宣伝材料。文部科学省が、広報することを業績として数えるようにしたために、どうでもいいようなこともプレス発表するようになった。
・学会発表　↓　信頼性があるものの、正しいかどうかは世間の評価（論文発表）を待たねばならない。
・学術論文　↓　信頼性がある一次資料。
・メタアナリシス　↓　薬の臨床評価などでは一番信頼性がある。

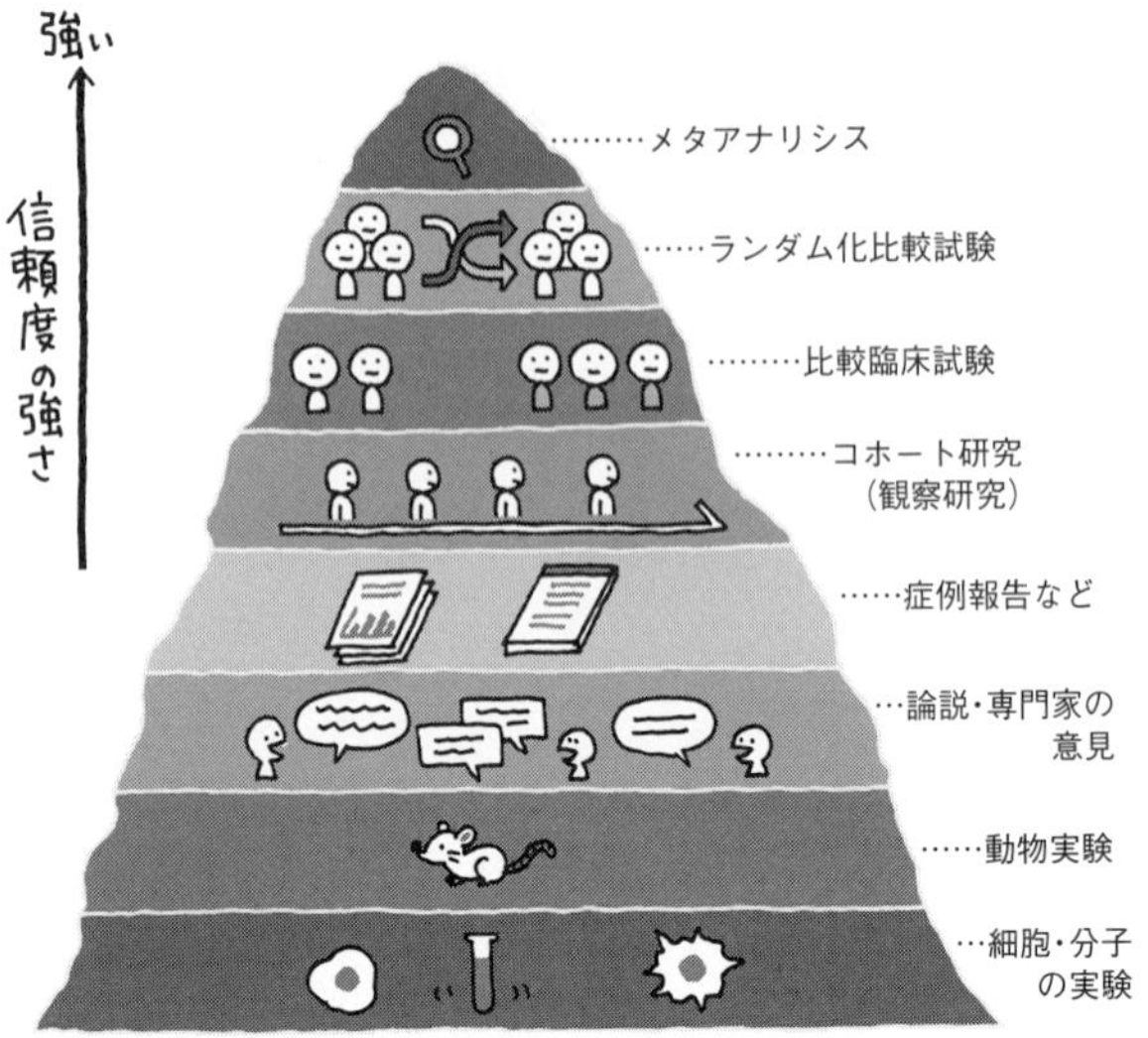

図 3-5　信頼度の順番

†実験の信頼度

次にどういう研究が信頼できるか、お話ししましょう（図3-5）。例えば、生命科学の実験は人間を相手にする前に、モデルとして細胞（主にヒト由来）を用いた実験から始めることが多いのです。手軽に研究ができるからです。細胞を用いてある薬が効いたというのはいいのですが、やはり動物実験で効かないと信頼されません。症例報告は、人間で薬が効いたというデータですから、信頼性はもっと上です。まとめてその地域の人たち（住人）を集めて長期的に健康状態を調べました、というコホート研究も信頼がおける研究です。

それ以上になると、比較臨床試験、これは薬の投与の有無で結果を比較するものです。ランダム化比較試験、これは薬を人に処方した時に効くかどうか実験するものですが、対照群に薬と非常によく似た試薬（プラセボ、偽薬）を与えて、これでは効かなくて薬では効いたというデータが必要です。プラセボか薬かは患者さんには言いません。「薬だ」と言われただけで効く人もいるからです。これを防ぐために、このランダム化試験をやるのです。最後に一番信頼できるのが先ほど述べたメタアナリシスで、そういう治験をたくさん集めて本当に効いたかどうかを決定する。この最も強いエビデンスがメタアナリシスになります。正しいデータを集めるのは大変なのです。

ここからは秘密の話ですが、薬を効かせるには「これは高い薬です」というのが一番だそうです。立派そうなお医者さんが時間をかけて説明してくれると効くと言われています。

一般に、食べものの成分が薬になる、という論文には気をつけてください。例えば、ウコンの成分にクルクミンという黄色い物質があります。この成分はアルツハイマー病に、二日酔いに効くと言われています。だから、お酒を飲む前にウコンの飲み物を飲む人がいるのです。これは本当でしょうか？

もともとこのウコンがアルツハイマーに効くという研究は今から20年近く前に発表されましたが、その時のデータは、試験管の中にウコンを入れるとアミロイドと言われるアルツハイマー病の人の脳に起こるような沈着物ができなくなります、と発表されたのです。試験管内です。食べたらアルツハイマーの人が治ったというわけではないのです。

それを見た別の研究者が、それなら人に飲ませても効くのではないかと人間に投与してみたら、というわけです。こういう単純な実験が今まで728回も別の人によって行われ、論文になっているのです。その結論は、簡単に言うと半分の研究者は効くと言い、半分の研究者は効かないという結論を出しました。どう思いますか。半々に分かれるのはあまり効いていないせいではという意見や、効くという結果がこんなに出ているので効くという意見が出ると思います。それはそうですね、分からないから、結論が出ないから、別々の人が何回もやったのです。

これらの結果から分かることは、このような実験ではYesという人とNoという人が必ず出るのですね。効くと思えば効くし、効かなくても不思議じゃないですね。もし効くなら、ウコン（ターメリック）の入ったカレーをよく食べているインドの人にはアルツハイマー病がいないはずです。効くなら薬になっている、という単純な真理が分かる研究者はこういう実験はやりませんが、お金に目がくらんでやる人もいるのです。

ついでに言っておきますが、ウコンの成分の一つであるクルクミンを試験管に入れると黄色になります。この黄色がいろいろな反応を邪魔して、どんな酵素も阻害するように見えることがあるのです。

だから学術論文はいつでも正しいかと言うとそうではないのです。怪しいものも数多くあります。

†大学とはどういう場所か

それでは大学で学ぶとはどういうことでしょうか。高校と違うのは、自分から専門を決めていかないといけないという点です。どういうことかというと、大学では1年生の時から教養科目と言って広く世間のことを学びます。文系の人も理系の人も、高校で習わなかった法学、経済学、社会学、心理学、薬学、脳神経科学、倫理学などを学ぶ機会がありま す。実は、このことが大学の大きな特徴で、人生で一番時間があるときに広く自分の懐《ふところ》を広げることが大切なのです。図3-6で説明しましょう。

ここには中高から大学、修士課程、博士課程と積み上げ式に研究者になる道筋が書いて

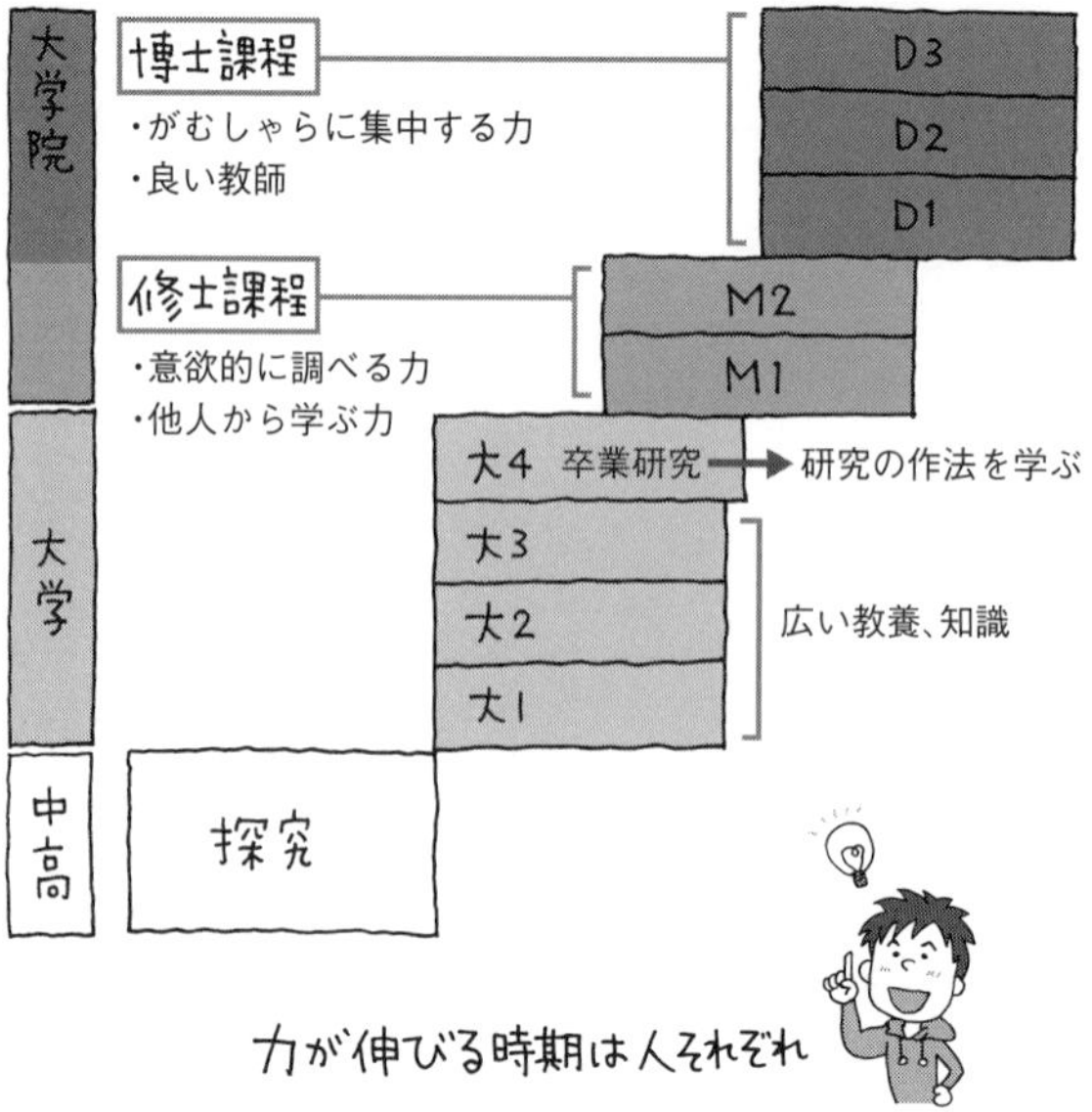

図 3-6　大学、大学院で重要なこと

あります。研究者にならずに、途中で卒業する人も多くいますが、その人たちにも当てはまります。まず、大学では教養と専門の授業を履修します。これは1年生の時からずっと4年生になるまで続きます。昔は、大学生は最初から専門教育をしないと社会に出ても役に立たない、と企業人から言われた時代もありました。これは、企業人が大卒者を死ぬまでこき使ってやろう、という意見です。ところが、21世紀に入って、こうではなく教養を身につけた人のほうが柔軟性があり、どういう仕事にも対応できることが分かってきて、賢い企業は教養を身につけた学生を採用するようになりました。企業のトップがどう言っているかで、その企業の行く末が分かるのです。

そこで**図3-6**に見られるように、人生の余裕を身につける意欲を持つ学生を育てる教育が始まりました。これについては第1章で簡単に触れましたが覚えているでしょうか。1~3年の時に、いかにあり余っている時間を勉学に充《あ》てるかが勝負なのです。大学での最低限のノルマに汲々《きゅうきゅう》としている学生に力を注ぐより、上10%のやる気のある学生を伸ばすことが大学の使命と考える教員が増えてきたのです。

私の経験では、力が伸びる時期は人それぞれです。大学1年で研究に興味が出て突っ走る学生もいますし、なんとなく大学院に入って、友人が頑張っているのを見て自分も頑張るようになった学生もいるのです。このどちらも、自分の将来を決めて大学に来たのではなく、大学で出会った分野に興味を惹《ひ》かれて自分で進路を決めたのです。大学は、こういうところです。良い友人、良い師、興味深い分野に出会う場所なのです。

4年生の時には卒業研究というものを課しているところが多くあります。これは子どもが親にいろいろ習うように、1つの研究室に所属して研究の作法を学び、論文を書いて卒業するのです。これが意外に大事で、オリジナルな研究とはどういうものかを教員から叩き込まれます。卒論なしで卒業できるからラクだ、と卒業研究を履修しない学生はあとで苦労します。しかし、ここまでは先生の言うとおりにやっていればいいので、親の教育と同じです。

ところが修士課程に入ると、そうはいきません。まずテーマ選びです。もちろん先生の言う通りにテーマを決める場合もありますが、自分に合ったテーマ、好きなテーマであることが必須です。誰もやっていないことを行うのですから、意欲的に論文を調べたり、類似の研究を行っている研究者を訪ねたりすることも必要になります。他人から学ぶということもここでは重要なことで、独りよがりの研究にならないように気をつけないといけないのです。

博士課程に入ると、もういっぱしの研究者です。他人に依存するのではなく、自分でがむしゃらに切り開いていく馬力も必要です。何度も言いますが、指導教員の選択も大切です。気が合わない場合や能力が足りないと感じたらさっさと見切りをつけ、他を探すようにしないと人生を棒に振ってしまいます。これは学生にも教員にも言えることです。

簡単に指導教員の良し悪しを判定するのは、論文です。研究室から出た論文を見ればだいたいの研究指導力が分かります。多くの人が研究室にいるのは、一般に、研究費があって、馬力のある教員です。

研究者だけができること

科学を専門的に伝える立場としてサイエンスコミュニケーターを名乗る人はいろいろいます（第4章で詳しく説明します）。が、研究者と新聞記者が決定的に違うことがあります。それは、一次情報を理解できるかどうかという点です。よくテレビに出ていて、大学でも教えていそうな記者さんがいますが、やはりそういう方は、誰かが言ったことを言い換えているに過ぎないことが多いのです。新聞記者（ライター）と研究者（リサーチャー）の違いは、論文に書いてあることが理解でき、本当かどうかの区別がつくかどうかということです。大学院での研究経験（プラス学生の指導経験）があれば、この論文は怪しいとか、これは論文かせぎだ、などと感覚的にすぐ分かるものなのです。大学院を目指す学生さんたちには、その点を覚えていてほしいと思います。

そこでプロとアマの論文の読みの違いについて、実例を挙げて説明しましょう。以下に示すのは、2005年に発表された「Ibuprofen-like activity in extra-virgin olive oil. *Nature* 437, 45-46 (2005)」という論文の解釈についてです。

この論文はNature誌に発表された2ページの短報です。最後のページには文献しかないので、現実はたった1ページの論文です。内容は、エクストラバージンオリーブオイルには抗炎症剤のイブプロフェン類似の活性がある新成分が入っている、という画期的な報告でした。当時話題になり多くのマスコミに報告されました。ご存じのように、余ったオリーブオイルを売るためにEUがキャンペーンを行い、1990年代に日本にごそっと入ってきたことがありましたね。「身体に良い」という流行り文句でした。

しっかり読むと、最初に「その場で搾《しぼ》ったオリーブオイルには、舌を刺激するピリピリ成分が入っており、抗炎症剤のイブプロフェンも同じなので、ひょっとして生理活性も同じじゃないかとやってみました」という期待を込めた文章が出てきます。ピリピリ成分は(一)オレオカンタールという物質で、ピリピリ感はオレオカンタールの量に比例すると書いてあります。そこで、オレオカンタールを人工的に合成してみると、やはり同じようにピリピリ感がすごい！　ということが分かりました。このあたりが科学論文らしいところです。

そこでイブプロフェンのような抗炎症作用があるかどうかを調べました。もともとアスピリンやイブプロフェンは、血をドロドロにするトロンボキセンＡ２をつくる酵素シクロオキシゲナーゼ（COX）を阻害する生理作用があります。そこでCOX活性を調べてみたらオレオカンタールはCOX阻害活性がイブプロフェンよりも強いことが分かったのでした。あ、すごい！　というわけです。だったら、オレオカンタールを長期間摂取し続ければ（オリーブオイルを毎日食べれば）、炎症を防ぎ、アルツハイマー病にならないのではないか、というのです。

普通は、ここでやめておけば、「すごいものを見つけたね」で終わるのですが、論文には十数行余計な文章が付いていました。１日50ｇの搾りたてオリーブオイルを飲んで、その6〜9割が人体に吸収されると仮定すると、１日に９mgのオレオカンタールを摂取することになる。これは痛みをとるのに必要なイブプロフェン量のたった1割にしかならない！　というのです。すなわち、抗炎症作用を得るためには、その10倍のオリーブオイルを飲まないといけなくなります。なんだ、オリーブオイルが薬になるというのはウソじゃないか、というわけです。どうしてこんな文章を付け加えたのでしょうか。

多分、論文審査の過程で査読者から「オリーブオイルは、毎日どれくらい飲めばいいのか、書きなさい」という示唆を受けたのだと思います。計算してみたら大量のオリーブオイル（それも搾りたて）を飲まないといけなくなったので、後ろのほうには、「あの有名な抗炎症剤アスピリンだって鎮痛目的に使う濃度の数分の一の濃度で血液をサラサラにする効果があるじゃないか」と弱々しく書いてありました。

プロがちゃんと論文を読むと、大したことないね、となりますが、新聞が「オリーブオイルに抗炎症作用」という見出しを出すと、いかにもオリーブオイルだけで何にでも効くような印象を与えてしまいます。新聞記事を引用するライターも同様です。今となっては、ちょっと「?」が付くような発表でしたが、当時は、かなり話題になり、オリーブオイルには炎症を抑える作用がある、と喧伝されました。

実際の論文データは、以下のようなものでした。実はCOXには全身に発現しているCOX1と炎症臓器に誘導されるCOX2があります。炎症を抑えるにはCOX2を阻害しないといけないのです。本当に欲しいのは、COX2（マクロファージや肥満細胞）を阻害する物質であることは明白です。当時、COX2特異的阻害薬の探索は全世界的にブームになっていて、お金もつぎ込まれ、競争も盛んでした。また大事件も起こりました。

COX2阻害剤には抗腫瘍活性や血管新生抑制作用があり、胃への副作用が少ないので新薬として売り上げもうなぎ上りでしたが、そこで起こったのがVioxx事件でした。2004年メルク社が売り出したVioxx（成分名rofecoxib、前年度売り上げ3000億円）を摂取すると心筋梗塞のリスクが2倍になるという副作用が発覚し、Vioxxは販売停止になったのです。損失は3・2兆円と言われました。

しかし論文のデータを見ると、オレオカンタールはCOX1、COX2どちらも同程度に阻害していました。オレオカンタールは、COX2に特異的な阻害剤ではなかったのです。その後のオレオカンタールの話を聞くと、話はこう進むのか、と啞然《あぜん》とします。20年近くの間にオレオカンタール関連の論文が200報以上出版されました。がん細胞を殺す、マウスでアミロイドβのクリアランスを促進する（老人斑ができない）、口内細菌を殺す、変形性関節症に効く、アミラーゼを阻害する、アルツハイマー病の治療薬アリセプトの効果を高める……。ほぼ何でもありです。同じようなことが、前述のクルクミン、他にもポリフェノール、イチョウエキス、高麗人参、セントジョンズワートなどで起こっているのです。

ミドリムシや青汁でも同じことが起こるかもしれませんね（笑）。要するにこれらの物質を使えば、どんな病気にも効くというデータが出せるのです！

炎症を抑える薬は、筋肉痛にも使えます。貼り薬はその典型です。名前は聞いたことがあると思いますが、インドメタシンやフェルビナクには強い抗炎症作用があります。しかし残念ながら、経口服用すると胃を悪くします。だから皮膚から吸収させる貼り薬にしかならないのです。

研究の評価

研究者の評価には、もちろん出版した論文が使われます。大学や研究所での昇任には、この他に指導経験や組織での重要度が加味されますが、大学院生や若手では、ほぼ論文だけの評価になります。

そこで使われるのがインパクトファクター（ＩＦ）です。**図3-7**にその仕組みを示します。これは雑誌の良さを示す指標で、その雑誌に掲載された論文が過去2年間に何回引用されたかという数字です。これは明らかに「同じ分野の雑誌」を比較するのに用いられます。また、新しい手法を発見した論文も必然的に数多く引用されますから、ＩＦが高い

インパクトファクターとは…

「対象年の前2年間に雑誌に掲載された論文」が「対象年に」引用された回数
÷
「対象年の前2年間に雑誌に掲載された論文」の数

Nature	50.0
Science	47.7
Cell	41.6
New England Journal of Medicine	91.3
Lancet	73.3
Neuron	17.1
Nature Communications	14.9
Proc.Natl.Acad.Sci.	11.2
Current Biology	10.8
J.Cell Biology	10.5
Development	6.9
J.Neuroscience	6.2
J.Biological Chemistry	5.2
Scientific Reports	4.4
FEBS Letters	4.1
BBRC	3.6

nature
cellPress
このあたりでも
大学のHPに
出ることがある!

図 3-7　インパクトファクターとはジャーナル（学術雑誌）の影響度を評価する指標（数値）で、同じ分野の雑誌同士を定量的に比較する一つの手段

ということは、その論文が良いのではなく、平均的に雑誌のレベルが高い、と考えればいいのです。ＩＦは社会的にインパクトがある論文が高くなります。逆に、審査がないような雑誌ではＩＦが１未満ということもあります。大学院生が投稿するにはＩＦ２〜３を目指せばいいのではないかと思います。**図3-7**に示すNature、Scienceなどは一生に１回出ればラッキーと思ってください。

興味深いことに、このＩＦを足し算して、教員の業績に使うところがあります。最低の評価法で、たぶんＩＦの意味も知らない二流の組織と考えてください。ある年に、IF 1.0の雑誌とIF 3.2の雑誌に載ったとします。そうするとこの教員の業績を、1.0＋3.2＝4.2と評価するわけです。この教員が助教から准教授に昇進する場合には、この人の論文すべてのＩＦを足し算する方法も取られています。「私はＩＦ１００を超えた」と自慢する人がいますが、年を取れば誰でも増えていきます。またＩＦには筆頭著者かどうかも考慮されていません。実につまらない指標です。

†問題意識とモチベーション

先ほど、大学での研究テーマは自分で選ぶという話をしましたが、研究（勉強）を続けるにはモチベーションが必要です。科学の急速な進展がモチベーションになるという例を挙げて、この章のまとめとしましょう。

皆さんは、なぜ自分が存在しているのか、意識とは何か、意欲はどうして出てくるのかなどという問題を考えたことがありますか。もちろん、私たちの脳がそれを決めているのです。

最新科学で脳をのぞき込むことができるようになってきたという話をしたいと思います。皆さんはご存じと思いますが、ピンポンゲームがあります。カーソルを上下に動かして動いてきた球を打ち返す、あのゲームです。このゲームは、教え込めばサルでもできます。このときサルの脳にチップを埋め込んで、サルが考えただけで、カーソルを上へやったり下へやったりすることができるのです。手を使うのではなく、サルの脳の力を使ってピンポンゲームができるのです。すごいと思いませんか。

この技術が進んで、もし脳からの信号がキャッチできて解読されたらどうなると思いますか？　これをマン・マシンインターフェースといって、脳に電極をつなげることで、ひょっとして、皆さんの記憶をマシンに保存することができるかもしれないのです。こういうことができたらすばらしいですね。でもこれは脳に電極を埋め込まないとできないので、人間には多分難しいと思いますが、とにかくこういうことができる時代がきているのです。

そうすると、筋萎縮性側索硬化症（ＡＬＳ）という病気の人にも役立つのではないか、と思いませんか。このＡＬＳは、運動神経が死んでいく病気です。手がどうやって動くかというと、脳からの刺激が運動神経を通して筋肉に伝わり、筋肉が手を動かしています。ところが動かそうと思っても、これを中継している運動ニューロン（運動神経）がなくなってしまいますと、手は動きません。こうしてＡＬＳの患者さんは、目を動かす筋肉しか動かなくなるのです。

このような人が自分の意思をコンピュータで伝えられたら、考えたことを文字表示できたら、いいですね。だから先ほどのインターフェースを使って、こういう方の役に立つことができればといいと誰でも考えると思います。

ところが脳に電極を埋め込むことには、ちょっと問題があるのです。このようなことは、実は以前から行われていました。何のために行われていたかというとパーキンソン病の治療です。パーキンソン病は、手が震えたり、思う通りに体が動かなかったりする病気です。このパーキンソン病の患者さんの脳の奥底に電極を埋め込んで刺激する脳深部刺激療法（Deep Brain Stimulation）、機能改善を図る医療には効果がありました。手が震えるのが止んだり、意欲が出てきたりするのです。しかし、病気でない一般の人には行われていないのです。普通の人間の脳に電極を入れるのは躊躇されます。病気を治すための治療は、パーキンソン病だけではなく、てんかん、ジストニア、振戦などに実際は応用されています。

ところが最近、脳に電極を埋め込んで、自分の意思でロボットアームを操作することができるようになりました。考えただけでロボットアームを操作するというのは、なかなか大変なことです。どれくらいの強さでボトルを持たなければいけないかとか、持ったボトルをちょうど自分の口に合うように、ストローが口に来るように、自分の近くへ持ってくることができるかなど、かなり微妙なことを行わなければいけないのですが、現在、既に行われるようになってきたのです。脳に電極を埋め込むことは、決して人間を実験動物のように使っているわけではなく、困っている人を助けるためにこういうことが可能になってきたことがお分かりになるかと思います。

ボトルを自分の近くへ持ってくるためには、つかんだものの重さが分からないといけません。その情報を患者さんの脳に送り届けることが必要で、どれくらい重いのか、つまり重さとか温度とか手触りが、ちゃんと電極から伝わっていかなければいけない。上手に使えば実用化が可能という段階になっているというのが現状です。

そうすると面白い問題が浮かび上がってきます。そういうことができるのなら、こちらから電極を使って意思を相手に伝えることができるようになるかもしれない。もしできれば洗脳を可能にできるかも、となるわけです。そうでしょう？　向こうが考えていることがこちらに伝わるのなら、こちらから自分の考えを相手に伝えることだって、できなくはないかもしれないのです。とすると、これは結構危険な技術になりますね。

†イノベーションを起こす！

最近こんなことがいろいろ行われています。例えば、脳に電極を埋め込んで食欲を抑制する。これは過食症の治療です。過食症というのは、もう自分は食べたくないと思っていても食べざるを得なくなる。たくさん食べて、トイレで吐いて、また食べるを繰り返すような症状です。こういう症状を治すために、先ほどのように電極を埋め込み電気を流すことによって治療することが可能になってきたのです。

その他には、飲酒やギャンブルの抑制に使えるのではないか、とどんどん治療範囲が広がっていく可能性が出てきました。そうすると、非常に数の多いうつ病の患者さんに使えるかもしれない。だから問題は、どういう患者さんに使っていいのか、どこまで研究が許されるかということなんです。これはなかなか難しい問題です。しかも、脳に電極を埋め込むというのは、実は副作用もあります。どんな副作用かというと、手術が下手だった場合には出血したり化膿《かのう》したりするのです。

問題は、このときに幻覚が出てきたり、逆にうつになったり、ものすごく幸せになったりすることも分かってきました。つまり人間性が変わることが分かってきたのです。先ほどみたいに実験的に電極埋め込み治療を行った人の何と3分の2が、離婚とか離別とか転職を経験しているそうです。つまり、これは何か脳に大きな影響を及ぼしていることになりますね。だから、そういうことが本当に許されていいのかということが問題になっているのです。

そうなると先ほど言ったように、人工的に電気信号を相手の脳に与えて、相手の考えていることを変えるようなこともできるかもしれないわけです。研究は誰でもやればいいかというと、そうではなくて、こういう研究には、やはり、ある制限をかけないといけないことになります。

だから脳に電極を埋め込むのではなくて、ウエアラブルな装置（非侵襲的装着型デバイス）が望ましいわけです。そうすれば、体が動かない患者さんに帽子のようなものをかぶせるだけで手を動かすことができる。そういう簡単なものが一番いいのです。言葉が話せない患者さんに電極を外から頭に巻くだけで文字入力ができれば、こんなにいいことはないのです。先ほどのALSの患者さんでも、こういうことができるといいので、一生懸命こういう研究に取り組む時代になりました。

現状はどうなっているかというと、日本でもこういう研究は行われています。もう10年近く前ですが、静岡理工科大学で、脳の外側から簡単な装置を着けるだけで、カーソルを上へやったり下へやったりするピンポンゲームができることが示されました。先ほど紹介した電極を埋め込んだサルがやっていたのと同じことを、ウエアラブルの装置でできるのです。

だから究極の目標は、ウエアラブルで文字入力ができるかということになります。もちろんアメリカではこういうことにすぐ目をつける人がいて、Facebook社（当時）が最初にトライしたのです。非侵襲型のBrain-Computer Interface、すなわち帽子をかぶるだけで、電極が外から人間の微弱な電流を感知し、コンピュータに文字入力ができるかという実験を行いました。脳で念じるだけでIT端末に文字入力が可能かどうかという実験です。当時は失敗で、実験が中止になりました。すなわち当時のテクニックではできなかったのです。

しかし、諦めてはいけません。諦めずに可能性を探り続けることは非常に大事で、ウエアラブルの装置を利用して自分の考えを相手に伝えたり、逆に相手の考えがこちらに伝わったりする。こういうことができる時代になってきました。早晩、成功したという報告が出て来るのではないかと期待しています。

今後こういう研究が進むと、工学系の大学がこういうところに特化すれば、すごいイノベーションができるかもしれないのです。また、医療看護系の大学では、こういう研究をやることによって、患者さんのメリットがあるようなインターフェースがつくれるかもしれない。これからの時代は、こういうことを研究しなければいけないことを、ぜひ皆さん、分かっていただきたいと思います。

このような問題意識が研究のモチベーションになるのです。家族に病気の人がいる場合には、新しい治療薬を開発したいと誰でも考えます。困った人がいれば、それを助けようとするのは強いモチベーションになるのです。

こういう技術が、別の分野にも使えるのではないかという話で締めくくりたいと思います。現在、我が国の小中学校で軽度発達障害といわれている子どもは、20人に1人くらいいると考えられています。その20人に1人の内訳は、半分は知的障害ですが、4分の1はADHD（注意欠陥多動性障害）、ダウン症の子どもが2％です。これに比べて自閉症は1割もいるのです。だから、この自閉症児へのケアというのは、幼児教育、小学校、中学校の教育で大きな問題になっています。

そこで、この自閉症にもウエアラブルな装置が役立つのではないかという研究も行われています。脳の外、頭蓋を通して磁気刺激を与えると、以前には感知できなかったコミュニケーションの微細な機微が分かるようになった、すなわち自閉の症状が少し良くなったというデータも出てきています。もちろん、副作用はないかなどの研究が十分に行われれば、今後、治療に役立つかもしれません。

第 4 章

サイエンスコミュニケーション超入門
――アウトプットのお作法

†サイエンスコミュニケーションは身近なもの

ここまで何度も出てきましたが、サイエンスコミュニケーションというのはどういうことを行うものでしょうか。科学の正しい内容を知らせること、というのが一般の人の意見だと思います。新型コロナの最新事情を語るテレビ番組も最新科学のニュースを解説するテレビ番組もサイエンスコミュニケーションを行っています。しかしこれだけではなく、小学校で花の受精の仕組みを教える先生も「DASH村」で生物を観察するタレントさんの行っていることも立派なサイエンスコミュニケーションです。

このサイエンスコミュニケーションに携わる人のことをサイエンスコミュニケーターと呼びます。町の公園で観察会を開く老人会の植物好きおじさん、科学未来館で今年のノーベル賞の候補を推測する職員、バリバリの分子生物学者で奇妙な難病の遺伝子を発見し患者さんに説明している学者も、すべてサイエンスコミュニケーターなのです。

科学を知ることは、私たち自身の健康、生活の質の向上、環境問題の解決などに重要であることは言うまでもありません。また大学生になれば、科学技術がどのような役割を持つのかを説明できないといけないと思います。できれば、すべての大学生がサイエンスコミュニケーターになる時代が来る、というのが私の希望です。本章では、これらサイエンスコミュニケーションについて勉強することにしましょう。

†科学を伝える難しさ

正しい科学はなぜ伝わらないのでしょうか。科学者が「正しい話をしても、なかなか信じてもらえない」とこぼすことが増えました。新型コロナウイルスのワクチンは病気を防ぐ一番良い方法ですが、副反応が出るのが嫌、という理由だけでワクチンを打たない人がいます。ワクチンを打たなくても若者は感染して死ぬことはないし、数日具合が悪くなるのが耐えられない、というわけです。しかし、ワクチンを打ってあると、もし感染しても軽く済むうえ、他人にうつさないというメリットもあります。特に家族に高齢者がいる場合には、うつさないというのが最低条件になります。ワクチンは、すべての点で感染症予防に一番効果があることが明白なのに、それが理解できない人がいるのです。

一般に、科学の知識がどんどん新しく、複雑になっていくと、専門ではない普通の人にはだんだん理解できなくなります。原子力発電の中身がどうなっているかについては、普通の大学生でも理解できる人は少ないでしょう。原発事故の原因を詳しく説明してもらっても、専門用語が分からないとそもそも理解が不可能になります。私たちが知りたいのは、原発事故の環境への影響がどの程度なのか、残った放射性物質が人間に対してどのような悪さをするのかという点ですが、原子力発電の専門家は人体への影響は分からず、医者は残存線量の範囲や効果が分からないので、そもそも話が通じないのです。

皆さんはサイエンスコミュニケーターという言葉を聞いたことがあると思います。これは専門家と一般市民をつなぐ役割を持つ人材で、双方の意見を理解させるようにする職業です。専門家がサイエンスコミュニケーターになる場合もあり、科学を知る新聞記者、大学院生、地元の有志がサイエンスコミュニケーターとして働いている場合もあるのです。

†サイエンスコミュニケーションの歴史

次は、サイエンスコミュニケーションとは何か、どうやって始まり広まったかについて、歴史を少しひもといていきたいと思います。

サイエンスコミュニケーションという考えが始まったのは1985年のことです。イギリスのロイヤルソサエティーでボドマーが科学理解増進委員会（COPUS：Committee on the PUS）の得た結論として「Public Understanding of Science（公衆の科学理解）」とい

う レポートを出したのが最初です。どのようにしたら科学が一般の人に理解してもらえるのかをまとめたものです。当時のイギリスでも今の日本と同じ状況で、科学の難しいことはなかなか伝わらない、特に科学者が聞いてほしいことがなかなか一般の人に伝わらないので、どうしたらいいだろうか、という話題が中心でした。

炭水化物を摂取しないダイエットは人間の健康に影響を与えないのか、サプリメントとして売られているものは薬品ではないのはなぜか、など、今の日本でも単純な疑問はいろいろあります。新型コロナウイルスにしても、普通のコロナウイルスで起こる風邪とどう違うのか、このような小さな疑問を理解するにはどうしたらいいのでしょうか。プチ疑問を一般の人に正確に知らせる役割を果たす人材がどこにいるのでしょうか。

このボドマーの提言があった頃から、イギリスではサイエンス・カフェが流行《はや》りはじめました。これは、科学者が一般の人に科学について伝えるのが目的で始まりました。カフェですから、お茶を飲みながらざっくばらんな雰囲気で科学を語る会です。日本でもサイエンス・カフェは色々な所で行われていて、典型的には科学者が出てきて、スライドを用いて最新科学を講義することが多いのです。しかし、最初は良かったものの、だんだん人が集まらなくなりました。行っても楽しくないのです。研究者からみると、どうして人が来ないのだろう、一生懸命に話をしているのに……というわけです。

†アウトリーチの理想と現実

ここで「アウトリーチ」という言葉を説明しておきます。「アウトリーチ活動」は「国民の研究活動・科学技術への興味や関心を高め、かつ国民との双方向的な対話を通じて国民のニーズを研究者が共有するため、研究者自身が国民一般に対して行う双方向的なコミュニケーション活動」と定義されています（平成17年4月科学技術・学術審議会基本計画特別委員会による「第3期科学技術基本計画の重要政策（中間とりまとめ）」より）。

なぜ忙しい研究者が、アウトリーチをしなければならないかというと、平成17年度「新興分野人材養成」プログラムの「科学技術コミュニケーター」養成領域において、「毎年度、直接経費の概ね3パーセントに相当する経費をアウトリーチ活動に充当せよ」という指令を文部科学省が出したことが大きいのです。

一般にはアウトリーチの目的は、一般社会に認知してもらうことと同時に、後継者の育成という面もあります。**図4-1**をご覧になったほうが分かりやすいかもしれません。ここには、サイエンス・カフェなどの公開講座から始まり、出張授業、研修会、書籍による

社会貢献

↕

・市民講座、展示、HP……主に公的機関、企業
・研究室公開、公開講座……主に大学
・出張授業・模擬講義
・大学に高校生を呼んで研修
・教員向け研修会
・一般書籍（新書など）
・雑誌への寄稿
・優れた教科書の執筆
・学会での高校生発表

人材育成

図 4-1　研究者のアウトリーチ

研究紹介、優れた教科書の執筆などがあります。特に「優れた」教科書で有名なワトソンとかファインマンと呼ばれるものは、聞いただけで、あれか、と分かるような教科書です。

　ところが、出張授業や模擬講義などは、はっきりと講師に向き不向きがあります。本当に上手な人と、かわいそうなくらい下手な人がいますが、当人は分からないことが多いのです。一般にアクティブな研究者は上手なことが多く、そういう人に仕事が集中してしまうのが問題で

す。それを防ぐために、大学などでは順番に講義に行くことが多いのですが、そういう時には研究も何もしない人に頼まざるを得なくなります（そうしないと頑張っている人に対して不公平だから）。ひとたび下手な人が行ってしまうと、案の定、来年の依頼がなくなってしまうのです。

サイエンス・カフェに話を戻しましょう。実際のサイエンス・カフェでは、いつも同じ観客しか来なくなります。暇なご老人とマニアックに科学に興味がある学生だけが集まるのです。そこでちょっと顔を出してみますと、科学者がスライドを使ってだらだら説明をすることがほとんどです。要するに講義をしているのです。できたら実験などをしたいのですが、そういう設備はありません。講義では、双方向のインタラクションが見られません。

サイエンス・カフェでは、リラックスした空間、ざっくばらんな雰囲気で科学者と一般市民が対話することが必要なのです。何か答えを出すのではなく、話をする。これが難しいですね。プレゼンをするなら20〜30分、そのあと1時間は議論するというのが正しいやり方です。

また研究者サイドからは、サイエンスに興味のない人や、サイエンスのすばらしさを知らない人に来てほしいのですが、現実にはそうではありません。サイエンス・カフェの主眼は〝議論〟です。放射線1ミリシーベルトが危ないという人と、自然放射線が2・4ミリシーベルトあるのになぜ1ミリシーベルトに固執するのかという研究者が議論すべきなのに、後者が講演するときには前者は来ないということが起こるのです。家族の中でも、副反応が強かったのでワクチン3回目を躊躇《ちゅうちょ》しているお父さんと、ワクチンの効果を学校で学んできた中学生が「命と副反応のどちらが大事なの?」と議論することがあると思います。これが本当のサイエンスコミュニケーションです。

サイエンス・カフェがいいのは、雑談から積極的参加の雰囲気が生まれることです。だからサイエンス・カフェでは、パワーポイントを使わないようにします。科学者や教員の中にもパワポがなければ何もできないという人がいますが、そうではなくて話しに行くということを守り、「生活者としての文脈に研究を位置づける」視点が大切です。

†科学リテラシーとは何か

ここで科学リテラシーという言葉も定義しておきましょう。サイエンスコミュニケーションではよく出てくる言葉です。「科学リテラシー」(Hurd, 1958)とは、皆さんが考えている科学の知識という意味とはちょっと違います。この言葉は米国の学校教育を念頭に作られた言葉です。科学リテラシーを有する人とは、①学校教育において「自然および自然法則に関する知識」を得た人、②科学や技術が社会にとって持つ意味とか役割を知る人、③そのことを知った上で、この知識を個人・社会のために使いこなすことができる人、なのです。

多分、読者の皆さんは科学知識のことだろうと考えていると思います。ところがリテラシーというのはそれだけではなく、科学の役割を知ってその知識を使いこなすことも入るのです。知識はただ持っているだけではなく、それをどう上手に使うかが問題です。世界中の人のために役立てるにはどうしたらいいだろう、と考えることができる人が、科学リテラシーを有する人なのです。

それでは、科学リテラシーには具体的にどういうものがあるかというと、

・先端科学や科学技術を説明できる
・確率がちゃんと説明できる
・エセ科学を見分けることができる

・科学の面白さを伝えられる
・自然のすばらしさ、不思議さ、怖さを知っている
・実際に実験ができる
・科学には良い面と悪い面があるとともに、中間にはグレーゾーンもあることを説明できる
・科学者としての説明責任があることを理解している

いろいろなものがありますね。家の中を見回すと、デトックスと書いてあるサプリメントがあります。何かを食べることによって体から毒が抜けていくというのは本当なのだろうか、エセ科学なのだろうか。こういうことを説明できないといけないのです。

†OECD成人リテラシー調査

皆さんには、OECDが行った「成人リテラシー調査」の問題を解いていただきましょう（図4-2）。簡単で○×で答えてください。×をつけたものについては、なぜ×か、正解は何かが答えられれば、もっといいですね。これは科学のことをどれくらい知っていま

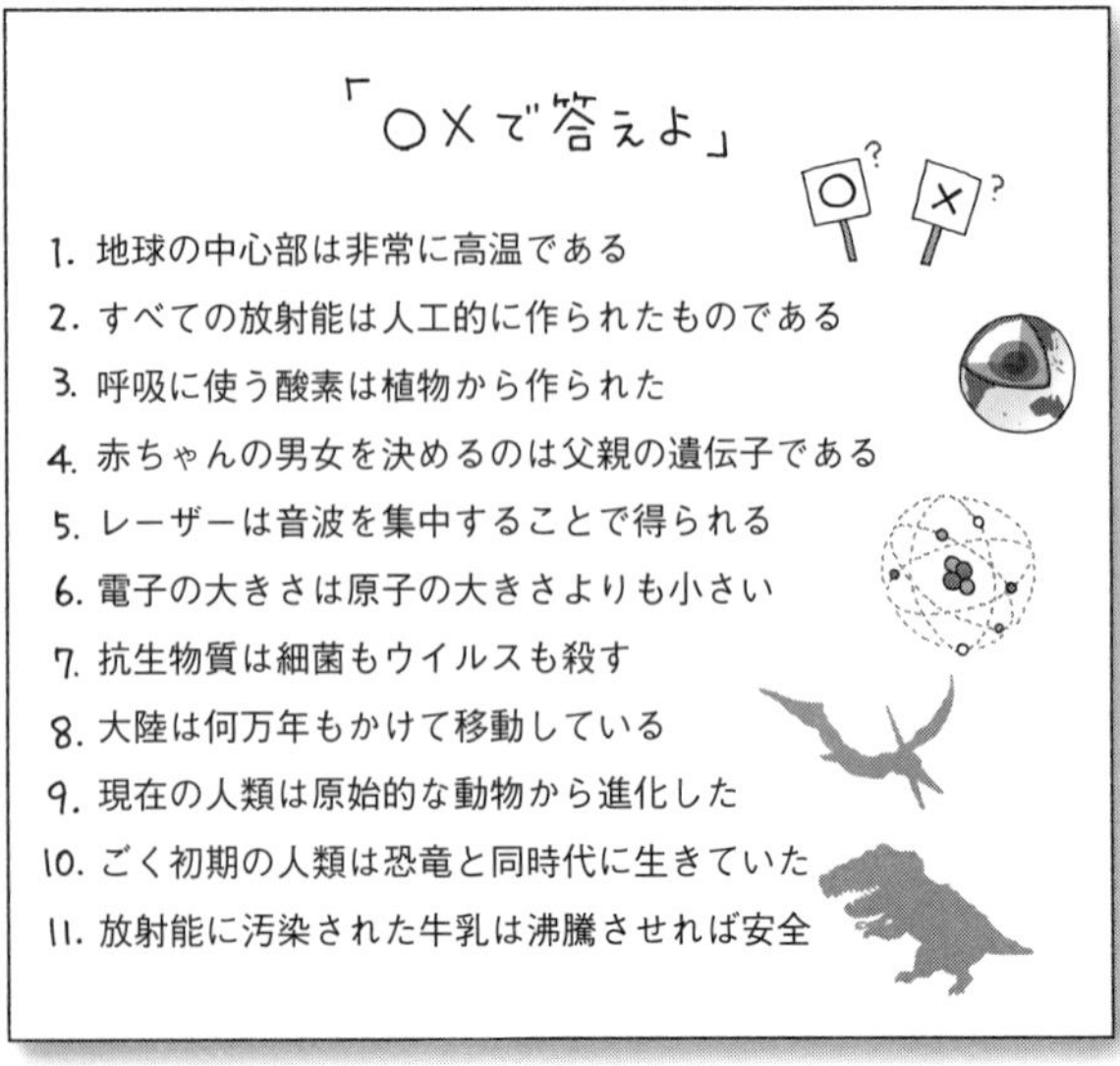
「○×で答えよ」
1. 地球の中心部は非常に高温である
2. すべての放射能は人工的に作られたものである
3. 呼吸に使う酸素は植物から作られた
4. 赤ちゃんの男女を決めるのは父親の遺伝子である
5. レーザーは音波を集中することで得られる
6. 電子の大きさは原子の大きさよりも小さい
7. 抗生物質は細菌もウイルスも殺す
8. 大陸は何万年もかけて移動している
9. 現在の人類は原始的な動物から進化した
10. ごく初期の人類は恐竜と同時代に生きていた
11. 放射能に汚染された牛乳は沸騰させれば安全

図4-2　OECD成人リテラシー調査

すかというテストです。総じて日本人の成績も悪くはないのですが、やはりこれくらいの問題に全部正解してほしいというのが私の希望です。

1「地球の中心部は非常に高温である」これは正しいですね。地球の中心温度は約6000度になっています。

2「すべての放射能は人工的に作られたものである」そんなことはありません。岩や植物から出る自然放射能もあります。

3「呼吸に使う酸素は植物から作られた」これは光合成という現

象で、植物が酸素をつくりそれを動物が吸っていることはご存じですね。

次の4「赤ちゃんの男女を決めるのは父親の遺伝子である」これは正解です。父親の精子の中にXかYのどちらかの染色体があり、Y染色体をもつ精子が卵と受精すると男子が生まれます。

5「レーザーは音波を集中することで得られる」これは誤りで、電磁波を集中しているのです。

6「電子の大きさは原子の大きさよりも小さい」これは正しい。

7「抗生物質は細菌もウイルスも殺す」これは間違いやすい設問です。実は抗生物質は細菌を殺しますが、ウイルスは殺しません。

8「大陸は何万年もかけて移動している」この大陸移動説は高校の教科書にも載っていて、正しいですね。

9「現在の人類は原始的な動物から進化した」もちろんこれは正解です。

10「ごく初期の人類は恐竜と同時代に生きていた」このあたりはどうでしょうか。よく人間が恐竜を追いかけている漫画がありますが、あれは実は間違いです。人類が生まれたのは500～600万年前ですが、恐竜は6600万年前に絶滅しました。一緒に存在するということは絶対にありません。

最後に、11「放射能に汚染された牛乳は沸騰させれば安全」これも間違いです。沸騰させても放射能は存在します。

このうち、2問程度間違えたら、サイエンスコミュニケーターとしては失格です。ここでは間違いを訂正できないといけませんね。例えば、抗生物質ではウイルスで起こる風邪は治りません。やはり科学知識は生活に必要なのです。

今、新型コロナウイルスが流行っています。どこでも「コロナウイルス」または「コロナウィルス」と書いてありますね。「イ」が小さく書いてある場合と大きく書いてある場合、どちらが正しいでしょうか。実は、「イ」を大きく書く「ウイルス」が正式名称です。「ウィルス」と「ィ」を小さく書くのは素人で、プロは大きく書きます。「ウィルス」と書いてあれば、どんなによさそうな文章でも、科学を知らない素人が書いた文章で信用できない、とすぐに分かるのです。

†理科の本質

このように教育を小さいときから正確に行うことが必要だとお分かりになったでしょう。

山崎正和の言葉は重要です。「現在の中等教育、まあ小中高のあたりですけども、読み書きとともに情緒的な文章が偏重され、意見を読み取ることと感想を述べることに過剰な力点が置かれている。外界の事物を客観的に記述する訓練がおろそかにされている」。これは今の情緒教育の弱点をうまく言い当てています。

例えば、小学校3年生で理科を初めて勉強するのですが、その理科教科書の最初のページに、こういうことが書いてあるとします。「あたたかくなったね。私たちの気分もあかるくなりました。外に出て息をすったら何かを感じるかな？」一見よさそうな文章ですが、これは理科の教科書です。理科の教科書にこういうことを書くのはまずい、と山崎さんは言っているのです。どういうことかというと、日本の教育は情緒を重んじることに力を入れていて、「どう思いましたか」とその感想を書くことが小さい時から宿題によく出されている。しかし理科はそういうものではなく、事実を記述することが大切で、「あたたかくなったね」と書くのはもちろん国語の教科書ではそれでいいのですが、「昨年は何度だった、今年は何度になりました」とか、「この地方は、冬は何度で春は何度でした」と正確に記述することもきちんと教えないといけないということなのです。

今お話しした情緒的な理科の教科書も、昔、必ずこう書かないといけないという時代もあったのです。ゆとり教育前後の時代です。海外から来たネイチャーゲームも大いに流行りました。五感を使った表現が過剰に理科の教科書に取り入れられた時期がありました。「外に出て自然のにおいをかいでみましょう（嗅覚《きゅうかく》）、手に取って触ってみましょう（触覚）、しっかり見て観察しましょう（視覚）、寝転がって周囲の音を聞いてみましょう（聴覚）」などです。さすがに、五感の1つである「味わってみましょう（味覚）」はありませんでした。しかし、匂《にお》いをかいでも何も分からない、手で触るとかぶれる、見るだけではダメできちんと記述する必要がある、鳥の声・風の音は理科には無関係、ということで、よほどのことがない限りネイチャーゲームは過去の遺物になりました。

それでは逆に、これまでの我が国の教育で他国と比べて良かったと考えられている点はどういうところでしょうか。外国の人から「日本の教育はこんなところがすばらしい」と言われていたことが、いくつかあるのです。ところが外国かぶれの日本人は、意外にそのことに気が付かなかったのです。一つは、小学校で文字（漢字）の書き方、書き順をしっかり学ぶことです。点線で書いてある漢字を書きなぞることは、1年生から行っています。これを「手技を完璧に遂行する力」の養成として絶賛する人もいるのです。このような教育は、対象の細部まで注意を向ける教育の質の向上に寄与すると言われています。日本とドイツの教育に、このような類似性があるのです。子どもに書き順を覚えさせるなどはつまらない教育だと思わないで下さい。

†サイエンスコミュニケーションの技法(1)書くか、話すか

ここからは科学の伝え方の具体的な技法について説明していきましょう。文章で伝えるということと、話して伝えるということは違います。文章には特徴があります。それをぜひ覚えていただきたいと思います。

文章で伝えるとき、読み手のことを考えてみてください。読む人は書いたものをいつ読むか分かりません。読み手は時と場所を選ばないわけです。ならば、それに対応できるように書かないといけないのです。情報は書き手から読み手への一方向にしか伝わりませんから、読めば必ず分かるように書かないといけないのです。また、伝えられる人は無限にいます。そういう人たち、すなわち一般の人たちも、小学生も中学生も、読んで分かるようにしないといけません。

使えるのは文字のみ、画像はあまり使えないので、難しいことをどんどん書いて読み手に理解されないのは困ります。読んで理解できるようなペースで書いていかないといけな

いし、書かれた文章は必ず残ります。話したことはその場でおしまいですが、文章は残りますので間違いは許されないのです。

ところが話して伝えるというのは、これとはちょっと違います。時と場所を選びますし、伝える相手の人数も有限です。講演会場でリアルタイムに話を聞いたり、授業を行う場合です。この場合、情報は双方向に動きます。相手が目の前にいると聞いている人も会場で質問することができます。そういう意味で双方向的な伝達になります。しかし話す場合でも、テレビニュースやビデオ講義の場合は少し異なります。テレビを見ている人だけ、ビデオを見ている人だけに一方向的に伝わります。対象が限られている場合には、聴講者、視聴者のレベルに合わせて話をしなければいけなくなります。

もう一つは、対話の場合はただ話すだけではなくて声とか身振りが使えるのが利点です。この身振りで表現すると分かりやすく、話のペースは自分で決めることができます。また声の強弱で、話の内容を強調することも可能です。反面、話したことは手元に残らないので、ある程度誇張することもありますが、文章に書く場合は、そうはいきません。話すのとは違って慎重を期すことが多いということをまず頭に入れておいてください。

†サイエンスコミュニケーションの技法(2)文章の構造を知る

分かりやすい文章の構造というのを紹介しましょう。例えば、A4用紙1枚程度のまとまった文章を書くことを想定して下さい。書きたい内容はポイントを押さえて簡潔に、とよく言われます。ただ文章を書くのではなくて、まず興味を引く序論、言いたいことを簡潔に述べる本論、そして結論というように、短い文章の場合は3つに分けるのがいいでしょう。少し長い文章の場合は、起承転結と言って、文字通り4つの部分に分け、まず話の出だしで問題を提起し、次にそれを受けて説明する、そして3番目の転で面白いことを突然出して意表を突いて、最後にまとめていく、という組み合わせもよく使われます。私の大好きな唄の文句、

京都三条の糸屋の娘
姉は十六、妹は十四
諸国大名は弓矢で殺す
糸屋の娘は目で殺す

は、起承転結をうまく使ったものになります。起は、リード文に相当するところで糸屋の娘を紹介しています。それに続いて承では、どんな娘かということを紹介しています。そこから話は飛んで、諸国大名は弓矢で殺すけれども、最後に糸屋の娘は目で殺す、と続きます。特に、転と結が対句になっていて、声に出すと調子がいいですね。起承転結をうまく表現しています。

例えば、次のような文章があります。これは学生さんの書いた文章です。

怠けることが重要!?

アリといえば、働き者である。たくさんの働きアリが女王のため熱心に働いている。ところがすべてのアリたちが働いているわけではなく、働いていないアリも多数いる。この事実は以前から知られていたが、理由はわかっていなかった。

北海道大学の長谷川英祐准教授らの研究チームは、1200匹ものシワクシケアリを、ガラスで覆った巣にいれ、約1か月もの間観察した。アリには見分けるために油性ペンで色を塗り識別できるようにした。アリたちには働く者と働かない者が出た。そこで長谷川准教授らは2つの集団を作った。1つの集団には働き者のアリばかりを集め、もう一方には両方の種類を集めた。加えて、仕事と休息時間を設定した。働き者ばかりの集団は一斉に仕事をし、一斉に休息を取る。その間にも仕事は増え続け、処理ができなくなった。もう一方の集団は普段働かないアリたちが「切り札」となり危機的状況時に活躍した。

普段働かないアリたちも決して怠けていたのではなかった。いざという時のために働いていなかったのだ。このことは休むことの大事さを示している。人間の場合も、休んでみると良いアイデアが生まれたりするので、働き過ぎの社会もアリに倣って見直すほうがいいのではないか。

文章の型で言うと、これは3つの段落に分かれています。序論、本論、結論の形式です。最初の序論の部分は3行で、これをリード文と言います。まずこの導入が面白くないと誰にも読んでもらえない文章になります。そして真ん中の段落が中身で、最後の4行が結論です。重要な点が2つあり、(1) リード文の答えが最後の結論(感想)に書いてなければならないということと、(2) 中身(調べたこと)には、具体性と何らかの新奇性が書かれていなければならない、という点です。特に、科学的な文章を書くことが求められているサイエンスコミュニケーターはこの2つを守らないといけないのです。

そこで文章を見てみましょう。

（1）についてですが、リード文では、「理由はわかっていなかった」と書いてあるのに、結論には、その理由が書いてありません。また、最後に「……休むことの大事さを示している。人間の場合も、休んでみると良いアイデアが生まれたりするので、働き過ぎの社会もアリに倣って見直すほうがいいのではないか」と感想が書いてありますが、中身のところにこれを示唆するような実験が書いてないので、この研究には何の関係もない文章で、最悪のまとめになっているのです。

（2）はどうでしょうか。この研究に新奇性があったのでしょうか。それとも前から分かっていたことを、追試した程度のものだったのでしょうか。科学的文章というのは、以前から知られていた事実より、何が新しく加わったのかを書くところに真骨頂があります。多分、長谷川准教授は何か新しい研究を行ったはずですが、そこを強調して書かないと何の意味もない文章になってしまいます。また最後の「働き過ぎの社会もアリに倣って見直すほうがいい」と著者が考えているなら、働いていたアリを休ませたらどうなるかという実験をしないと、そう結論付けられないはずです。

このように、ほんの短い文章でもしっかり型をつくって書かないと意が通じないものになるのです。

†サイエンスコミュニケーションの技法（3）話す秘訣

今度は話して伝えるときに注意すべき点をまとめてみます。書くことも重要ですが、話をするということも正しい科学の伝達には重要なテクニックです。ここでは人前での話し方の極意をご紹介しましょう。

一般に、話し方で大切なのは、

①印象的なネタを盛り込む（独自の視点を入れる）
②できたら数字などの具体的なデータを使う
③言いたいことはシンプルに
④自分が面白いと思ったことを熱意と共に話す

の4つです。まず①、印象的なネタを盛り込む。ただズラズラとしゃべるんじゃないんですね。独自の視点を持つことが重要で、「あの人は面白いこと言ったね」ということが皆に分からないといけません。②③できるだけ分かりやすい具体的なデータを使って直截的にシンプルに喋る、④しかも熱意がないといけないのです。ここ大事ですね。

その前に、重要なことを忘れました。どんな立派な内容でも、ところどころにちょっとした冗談や気の利いた一言を付け加えることができないと、印象深い講演（演説、発表、挨拶）にならないのです。観客を見回す余裕があれば「今日はマスク美人が多いですね」などの言葉がポンと出てきます。そういう一言が観客をリラックスさせるのです。またご存じのように、どんな美人でも愛敬がないと好かれません。そのために重要なのが表情です。ニコニコするだけで好印象になるのです。これはすごく大切で、人間というのは初対面だと30秒くらいでこれはどういう人間か判断してしまうのです。苦みばしった顔をするよりも、ニコニコしているだけで好印象を与えます。Ｚｏｏｍでカメラオフにしているときに自分の写真を貼る人がいます、このときも笑っている写真はとても良い印象を与えます。

発表では、聞いている人に好かれることが第一です。まじめな発表会の席（博士論文審査、研究費のヒアリングなど）で、場に似合わない服装をしたり、下賤な冗談を言うのはご法度です。

次に大切なのは、相手に向かって話をしているということが伝わることです。聴衆に視線を配るメリットはいっぱいあって、視線が相手と合うと「そうですよね」と言ったとたんに首を「うん」と縦に振ってくれることも多いのです。観客一人一人を見ると、観客もより話に集中し、緊張感が出てきます。また話している内容に対して聴衆がどう反応しているかも分かります。逆に下を向いて話をすると、それだけで、ああこれは自信のないダメ人間で内容もダメだということが伝わります。

人間は目を見てその人がどう考えているかを判断しています。目を見ただけで、話に集中しているか、別のことを考えているのかが分かります。もう一つは、発表中に観衆に向かってアイコンタクトするのですが、いくら気になる人がいても1人の人だけを見てはだめで、1人の人に1分くらいの長さでジグザグに視線を移していくのがいいのです。

特に講演では楽しそうに話すことが重要です。話している本人が楽しくなければ、聞いている人も楽しくないに決まっているからです。特に、自分の研究結果を話すときには、聞いている人にも面白そうに、興味深そうに話すことが大事です。そうすると、聞いている人も面白く思うのです。

その一例としての結婚式の主賓のスピーチを紹介しましょう。短い時間で2人を紹介してなれそめなどのエピソードを話し、主賓らしい言葉を残して締めくくる、結婚式でのスピーチはなかなか難しいものです。2人について長々とあぁだこうだ言うのはまだ許せますが、2人に関係のない自分の会社の話などが入るともういけません。話している当人は重要と思っているのかもしれませんが、聞いている人は早くやめて乾杯にならないかな、早くおいしい料理を食べたいな、と思っているに決まっているのです。

結婚式のスピーチだけでなく、会社や地域での自己紹介も同様です。実は、「自己紹介を1分か2分で」と言われたときに、その人の能力が分かるのです。印象的な自己紹介をしないと、聞いている人の頭に残りません。それには、やはり公式があります。

上手なイントロ、印象的なネタ、そして決めフレーズ。この最後の決めフレーズは、スティーブ・ジョブスの「Stay hungry, stay foolish」、マララさんの「One child, one teacher, one book, one pen can change the world」、マーチン・ルーサー・キング牧師の「I have a dream」などが有名ですが、こんなセンスのあることを言えと言っているわけではありません。大学での卒業研究発表なども全く同じです。それは、話を聞いて家に持ち帰り、こんな話があったよ、と家族に話すようなTake home messagesです。

このようなパワーフレーズは昔からありました。ウォルト・ディズニーの「If you can dream it, you can do it」とこのdとdで韻を踏む言葉、オバマ元大統領「Yes we can. Yes we did」、トランプ前大統領の「America, first!」などは覚えやすいですからね。短い「パワーフレーズ」を何度も何度も繰り返すのは、よくある演説手法になります。特にシンプルなフレーズが受けます。意外性、具体性、感情に訴える例が前の2人の大統領の言い方です。よく考えると、夜中に放送されているテレビショッピングの文句や、コマーシャルの音楽もそうかもしれません。

最後に、どんなときにも必要な心掛けを紹介しておきます。それは話す時に、自分が一番言いたいことのところに来た時に、一息置いて、「ゆっくりと大きな声で話す」ということです。特に、焦ったり、あがっていると自然と早口になってしまうことが多いのです。これにはぜひ気をつけてください。また本番中は、できるだけ原稿を読まないようにしてください。そのほうが、自信があるように見えます。しかし、決まった時間内に、言い忘れが絶対不可であるような主賓のスピーチなどでは、原稿を作ることも必要になりますので、場合に応じて対応してください。

一般に、年齢を重ねれば重ねるほど話が長くなります。結婚式のスピーチや大事な会での乾杯の音頭などで経験していると思います。自分だけはああならない、と皆思っているのですが、歩く速さが自然と遅くなるように、頭の回転も遅くなり、いろいろなことが整理がつかなくなっているのです。特に、思い出したことを脈絡なく話してしまうことが多くなります。家族が近くにいたら、話すことを前もって書いて持たせるなどの気遣いが必要なのです。

†レポートのまとめ方

新型コロナウイルスが蔓延していた2020〜21年にかけて、大学では対面講義ができず、リモート授業になりました。一番問題だったのは、すべての授業にレポート課題が出て、学生はそれをこなすことができずに、大学を辞める学生も多くなりました。どういうことかというと、1週間に授業が20コマあるとします（1日4つの授業、それが5日間）。1つの課題のレポートがA4用紙3枚としても、90分のビデオ講義を20回見て1週間に計60枚もレポートを書かないといけなくなります。

この話を聞くと、大学生は大変だね、と思われる読者も多いと思います。しかし大変なのは大学生だけではありません。１００人受講している講義があると、１００人分のレポートを1週間で見なければならない教員も結構大変なのです。それは大学のコンピュータシステムのせいです。1人のレポートが画面にすぐ出てくればいいのですが、ソフトが遅くて、しかも何回もクリックとスクロールを繰り返さないとレポートが出てこない仕組みになっているのです。よく読んで点数をつけ（この点数をつける箇所も遠くにある）、ＯＫを出して元に戻り、次の人の画面を出す、の繰り返しです。〇×問題でも全員の結果を見るのに2時間ほどかかります。良いソフトだと1秒で済むところを、右手の指がマヒするほどクリック、スクロールを繰り返し、めまいがするような時間を過ごさないといけないのです。

レポートというのは、出題者の意図を見破ることが一番大切です。これも私の例を見ていただきましょう。あるとき、「オミクロン株の新株ＢＡ.４について調べ、Ａ４用紙1枚にまとめよ」という題を出しました。これは、この新株が日本に入ってきたかどうかという時期（２０２2年5月中旬）でした。この時点で、ＢＡ.４株についての論文は１つしか発表されておらず、一次情報に当たるのは無理でした。私の意図としては、どこから情報を得るのか、それを見てどう考えるか、新株はなぜ出てくるのか、などをまとめて書いてほしかったのです。加えて、皆さんの疑問である、新しい株は今までのワクチンが効くのだろうかとか、死亡率はどうなのか、についても書いてほしいと思いました。そして今後の新型コロナはどうなるのかという将来の観測が書いてあれば、レポートとして十分だと思いました。

そのとき、こういうレポートが提出されました。

(あ) 新型コロナウイルスのオミクロン型から派生した新たな変異ウイルスの感染が南アフリカや米国などで広がっている。南アで増える「BA.4」株は国内の検疫でも確認された。(い) 感染力は、BA.2が1・21倍なのに対し、BA.4は1・49倍と推定された。(う) イギリスの保健当局は、「BA.4」にはデルタ株に見られた「L452R」の変異があり、中和抗体の働きに影響が出る可能性があるほか、「BA.4」では抗体の働きが落ちるという実験結果の報告があるとしている。

実は、BA.4株については、この時点でネットを検索すると、日本経済新聞電子版、NHK首都圏ナビ、読売新聞オンラインの記事が、上から順に出てきていたのです。(あ)

が日経、（い）が読売、（う）がＮＨＫ首都圏ナビの記事そのものでした。

レポートは、コピペではいけません。しかし、情報がここだけしかないとすると、このようなレポートになるのはしょうがない、と考える人はいないでしょうか。そうではありません。実は情報はいろいろなところに流れているのです。

一つはYahooなどで調べるときに、ウェブ検索に「BA.4」と打ち込むだけでなく、画像検索するのも良い検索法になります。もちろん、Yahoo USA（英語サイト）を調べることもお勧めします。できれば海外の有名医学雑誌「New England Journal of Medicine」、「Lancet」や「Nature」などの科学誌のニュース欄も検索結果に含まれていないか注目してみましょう。そうすると、この時点で新しい情報が手に入ることも多いのです。新聞やテレビの情報は、これらの英文誌から入ってきたものを翻訳しているに過ぎないのです。調べていくと、南アフリカで新型コロナウイルスの株が6か月おきに出てくるグラフに出会うこともできます（**図4-3**）。こういう人は、「新株は6か月おきに出現」というマスコミに出ていない情報も得ることが可能になり、レポートで良い点を取ることもできるのです。

まとめると、レポートにはオリジナリティーが必要だということです。自分だけが持つ

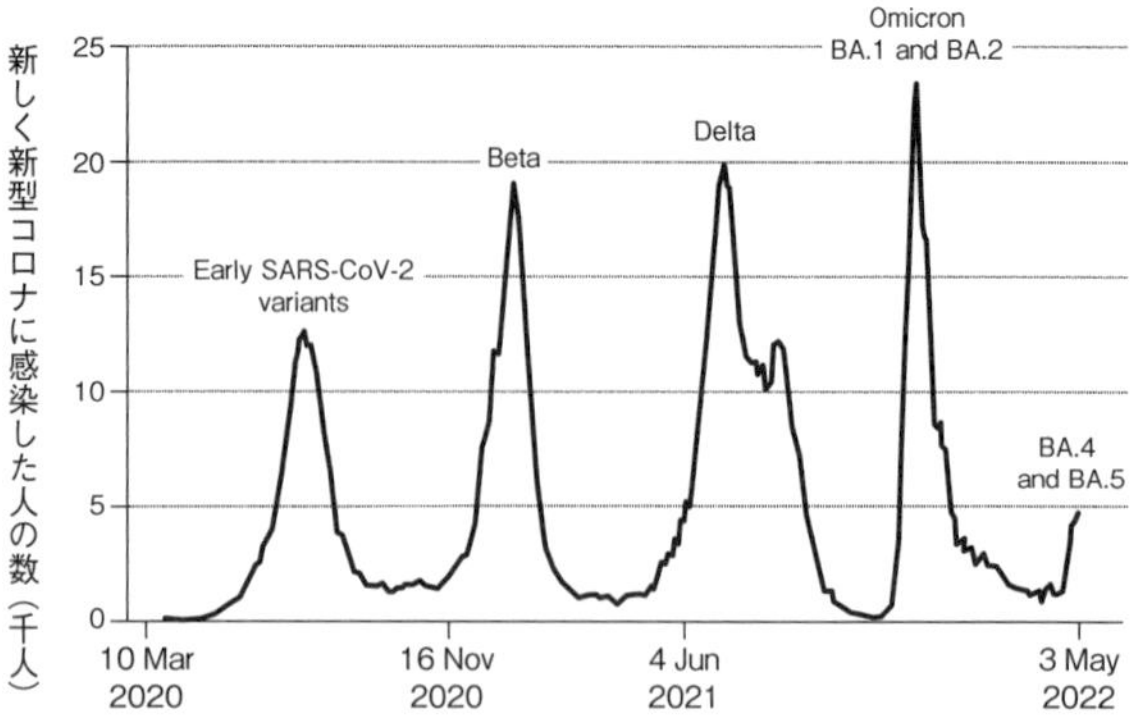

図4-3　新型コロナウイルスの出現（南アフリカ）

情報を提示する必要があります。それには、皆と違う視点が重要です。また、まとめ方にも注意が要ります。目を引く表題、出題者の意図を汲んだ内容、そしてできたらビジュアルに注意していただきたいと思います。これは文章の中にうまく図やインパクトのある写真を入れ込むということです。短いレポートにも、こういうところに気をつけていただきたいと思います。

†なんちゃってサイエンスコミュニケーター

皆さんは、ここまでで「サイエンスコミュニケーション」とは何かが、少し整理されてきたのではないかと思います。では「サイエンスコミュニケーター」と聞くと何を思い浮かべるでしょうか。

本章のはじめに説明したように、サイエンスコミュニケーターは実は誰でも名乗ることができます。資格はないのです。昆虫好きの横丁のおじいさんが名乗って子どもたちを集め観察会を開くこともできます。また科学館にちょっと通って何回か授業を受ければ名乗ることもできるのです。ひどいのは省庁の職員が1年に1回のオープンキャンパス（一般の人に来てもらって内部を公開する）で、肩書として名乗ることもあります。これらの人を私は「なんちゃってサイエンスコミュニケーター（Nサイエンスコミュニケーター）」と名付けています。

一方、私が立ち上げに関与した東京大学や同志社大学の副専攻では90分または105分、15回の授業（2単位）を10コマ以上履修すれば副専攻修了を名乗ることもできます。このあたりを「大学認定サイエンスコミュニケーター（Uサイエンスコミュニケーター）」としましょう。

このようにサイエンスコミュニケーターといっても、レベルがピンからキリなのです。それなら国家資格にしてしまえばいいのに、と思うかもしれませんね。しかしそうならないのには理由があるのです。サイエンスコミュニケーターを自称する人たちが集まる学会まがいのものもあるにはあるのですが、国の公式認定ではありません。なぜか分かりますか。

一般に国の資格として認定するには、サイエンスコミュニケーターと名乗って仕事をしている人が最低500人を超えないとダメという暗黙の決まりがあります。また重要なのは、サイエンスコミュニケーターだけが持ちうる技術は何かという点で、これが解決できない限り国家資格に認定できないのは当然です。海外なども参考にして、一番手っ取り早いのは大学にサイエンスコミュニケーション専門学部を作り特殊能力を育成することですが、残念ながら我が国には一つもありません。先の見通しをつけることができない大学人と文部科学省の責任は重いと思います。

†Nサイエンスコミュニケーターの好例

大学の授業で、「科学の最新ニュースを調べてきて紹介せよ」という課題を出したことがありました。ここで見られたことがNサイエンスコミュニケーターの良い例だったので紹介します。学生は、昨今話題になっているマイクロプラスチック（MPs）が魚の体内から見つかったが、これは食物連鎖によって魚に蓄積したものだった、というH大学の研究グループの発見を紹介してくれました。つまりMPsを直接魚が食べるのではなく、食物連鎖を通して体内に持ち込むことを発見した、という話題でした。

問題は、その事実を学生が知ったルートでした。学生は新着科学ニュースを読むことができる科学技術振興機構（JST）の「サイエンスポータル」という公式サイトの記事を調べました（https://scienceportal.jst.go.jp/newsflash/20210205_n01/）。JSTの記事を書いた人は多分JST所属のサイエンスコミュニケーターで、大学のHP（北海道大学プレスリリース2021年1月29日）を見て紹介したものと思われます。一次情報（発表論文）、二次情報（大学HP）、三次情報（JSTサイエンスポータル）を経て、学生の文章になりました。実際の学生の文章は、大学とJSTの記事を混ぜ合わせたようなもので、大学では一次情報に当たるのが大切、と教えているのですが、それどころの話ではなくNサイエンスコミュニケーターそのものでしたので、強くたしなめました。

実際に行われた実験では、蛍光色素で標識した粒径30μmのポリエチレンMPsを海水に入れて、①カジカだけを入れて直接MPsを摂取可能な水槽と、②MPsのない水槽にMPsを食べさせたプランクトン（アミ）とカジカを入れたもの、を用意し、MPsがカジカに取り込まれるルートを調べたもので、プランクトンを通して摂取したほうがカジカに蓄積することが分かりました。

興味深いことは、大学のHPでは詳しい実験の解説がなかったのですが、さすがにJS

Tのプロのサイエンスコミュニケーターは詳しく説明しており、一次情報に当たっていることが分かります。また、環境汚染に興味があると思われるJSTでは、MPsによる汚染現状を解説してくれており、きちんとした解説でさすがというものでした。

Nではなく U サイエンスコミュニケーター（前項参照）にやってほしいのは、一次情報からの解説とともに、自分の意見をしっかり入れるということです。これには、多くの科学知識が必要です。そもそもMPsが動物の体内でどの臓器に蓄積するかなどは分かっていません。あまり言われていないことですが、MPsの大部分は消化管からそのまま排泄《はいせつ》されてしまうだろう、しかしそう言ってしまうと危険性が伝わらないので一般には体内に蓄積した像しか見せないらしいのです。危ないのは針状のMPsでよく画像で見かける球状のMPsは毒性があまりないらしい、そもそも球状のMPsを魚は食べない、実際に魚に取り込まれたMPsの毒性を検討した論文は少ない、人間に対する効果を調べたものはほぼ皆無、などといった実情をしっかり調べて報告すべきなのです。

食物連鎖が進むとMPsがどんどん細かくなります。その細かくなる形態や毒性がどう変化するかが本当に知りたいことなのですが、まだ研究途上のようです。とにかくプレスリリースというのは自分に都合の良いことしか書かないというのが鉄則です。大学やJS

Tのデータをうのみにしてはいけません。知識は人から聞くのではなく自分で取り入れなければならないということが、サイエンスコミュニケーターとして一番重要なことだと考えます。

†科学のヒーローに

第1章で、日本には科学のヒーローがいないという話をしましたが覚えていらっしゃいますか。私の知人の桝《ます》太《た》一《いち》さんの話をしたいと思います。ご存じのように、日本テレビの人気アナウンサーだった彼は、2022年から同志社大学の助教に転身してサイエンスコミュニケーションの研究を行う、と宣言しました。研究の傍ら、何とか子どもたちに科学の面白さを伝えることができないかとアナウンサー業、タレント業も兼任して活躍されています。

私は、彼も一つの典型的なサイエンスコミュニケーターであり、科学のヒーローだと思うのです。彼が出演している「ザ！鉄腕！DASH!!」という番組は日曜日に民放で放送されており（2022年9月現在）、裏番組には高齢者に人気のあるNHKの「ダーウィンが来た！」があります。皆さん、子どもたちの視聴率はご存じですか。実は、「ザ！鉄腕！ＤＡＳＨ!!」の圧勝で、10分の1とは言いませんが「ダーウィンが来た！」を見ている子どもは極端に少ないのです。「ダーウィンが来た！」を見ているのはほとんどが高齢者で、しかも続けて午後8時からの大河ドラマを見るためにチャンネルをそのままにしていて、本当に「ダーウィンが来た！」を興味を持って見ている高齢者は少ないのです。

いまの小中高生に聞くと、「ザ！鉄腕！ＤＡＳＨ!!」を見て、将来は水産、農学部に進みたいという子がたくさんいます。もちろん「ザ！鉄腕！ＤＡＳＨ!!」に出演しているＴＯＫＩＯの皆さんのファンも多いと思いますが、桝太一さんの貝類に対する知識と科学への興味関心の深さに感動して進路を決めた人も多いのです。毎日のようにテレビに出ているコメンテーターを見て、あのようになりたい、と高校生が思うような人が何人いるでしょうか。それらに比べて、子どもたちへの科学志向に対する桝さんの貢献は大きいと思います。あんなに楽しそうに科学を語る姿は、どの大学教員よりも子どもたちの目には輝いて見えるのです。誰もが桝さんのようになれるとは限りません。しかし、皆さんの周りの子どもたちや学生に影響を与えることは誰でもできます。そうしていただくことが、結果的に日本全体の科学のレベルアップにつながると、私は信じています。

報道されている科学記事には、あれ？　と思うようなことが多く含まれています。プロローグでお話しした新型コロナに関する確率の問題などが、その典型例です。近年話題になったものに、行方不明者のＤＮＡ鑑定の問題があります。この話は、私の専門にも関係があり、しかも私が前から興味を持っている歴史上のＤＮＡ鑑定の話にもつながりますので、エピローグ「私の探究」として、そのお話をしたいと思います。

†ミトコンドリアＤＮＡ鑑定と核ＤＮＡ鑑定

大変かわいそうな話ですが、山の中から見つかった子どもの骨でＤＮＡ鑑定を行ったという話が最近ありました。最初のほうの報道では、ＤＮＡの保存状態が悪く、骨からのＤＮＡの収率が悪かったので親子鑑定はできなかったという話でしたが、ミトコンドリアＤ

NA鑑定では、母と子である可能性があるが、本当の親子とは断定できない、という判定が下りました。鑑定の違いでどうしてこんなに違うのでしょうか。この点に関しては、数分程度のニュースでは、結果を述べるだけで、なぜかの説明がありませんでした。またお昼に放映されている2時間近くの番組では、説明はしているものの一般の方は理解できたかどうか分かりません。こういう報道に、サイエンスコミュニケーターが関わっていれば、もっとスムーズに伝わるのに、という感想を持たざるを得ませんでした。

実は核DNAとミトコンドリアDNAには大きな違いがあるのです。私たちの細胞1個の核の中に2分子のDNAがあります。一方は父の精子から、もう一方は母の卵由来のDNAです。このDNAは計46本の直線状の物質からなり、全部で合わせて60億近くの文字(塩基)からなります。ところが細胞の中にはミトコンドリアという小器官があり、その中には環状のDNAが数個含まれています。このDNAの文字数は厳密に決まっていて、1万6569個です。また、1個の細胞の中には1000〜1万個のミトコンドリアがあります。なぜ細胞によって数が違うかというと、体のエネルギーを作るミトコンドリアは、エネルギーが必要な臓器の細胞には多く(筋肉、脳、腎臓など)、そうでない場合は少ないのです。筋肉も、瞬発力が必要な白筋には少なく、持久力に必要な赤筋には多く入っています。
とすると、細胞からＤＮＡを抽出すると、分子の数としては核ＤＮＡ：ミトコンドリアＤＮＡは２：数千になります。個数としては圧倒的にミトコンドリアＤＮＡのほうが多いのです。だから骨からＤＮＡを抽出した場合には、ほとんどがミトコンドリアＤＮＡになります。親子鑑定は、現在ではＰＣＲを使って行われており、分子数が少ないとＤＮＡの増幅が起こらず、結果的に「ＤＮＡが少なく、分かりませんでした」ということになるのです。

この２つは遺伝の様式も異なります。核ＤＮＡの一方は必ず父親から、もう一方は必ず母親から子どもに伝わります。ところが、ミトコンドリアＤＮＡは母系遺伝するのです。**図5-1**で明らかなように、精子と卵の受精は以下のように起こります。まず、精子の頭にある核が卵の中に入ってきて、卵の核と合一します。このとき、精子の頭とべん毛の間にある「中片」というところに存在するミトコンドリアは、卵に侵入することができずに捨てられてしまいます。また誤って卵に侵入しても、卵の中ですぐに分解されてしまうことが分かっています。そのため、受精した卵の中のミトコンドリアは、すべて元々卵の中にあった母親由来のミトコンドリアになります（**図5-1B**）。皆さんの細胞のミトコンド

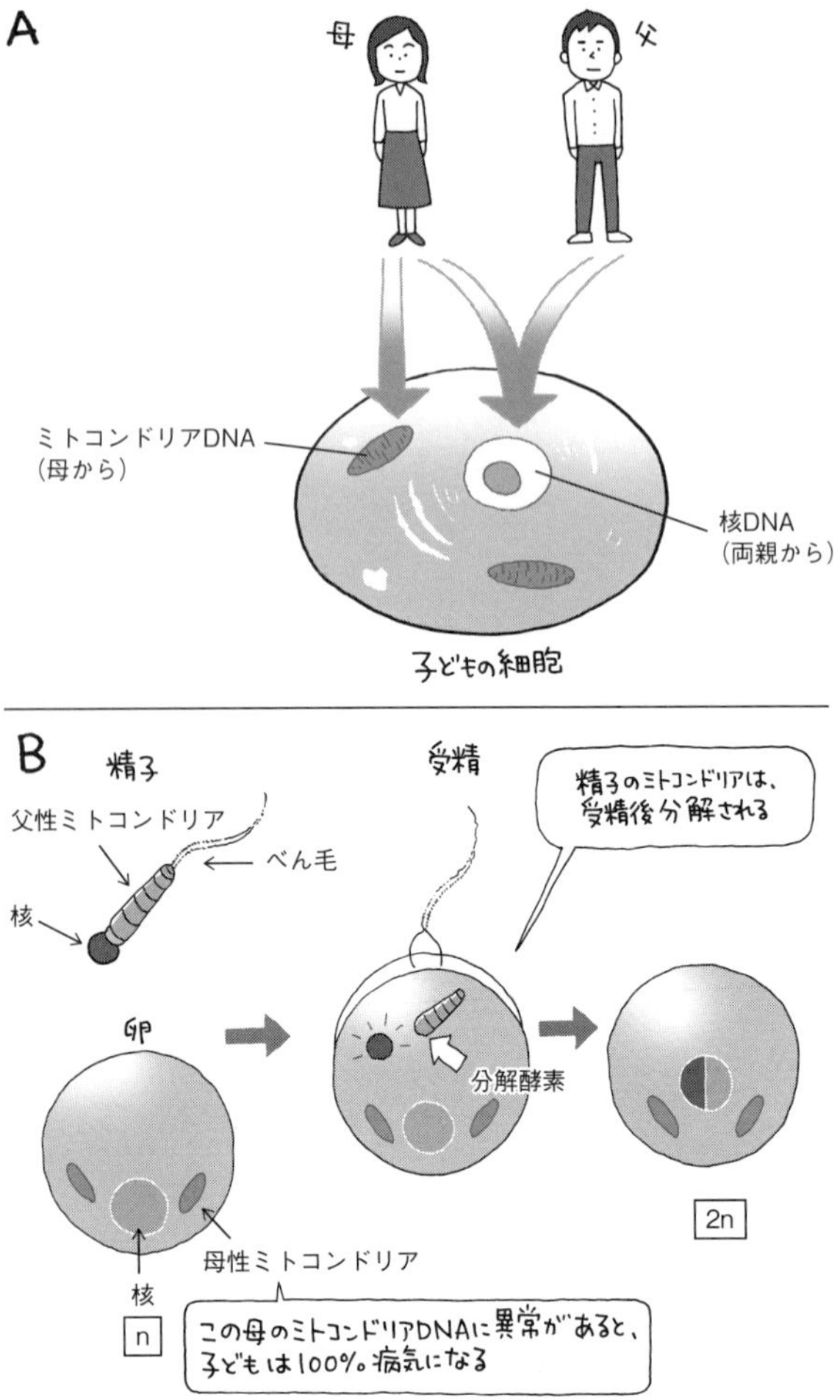

図 5-1　ヒトの受精。A：核 DNA は男女から 1 分子ずつ来たものが合一するが、ミトコンドリア DNA はすべて女性由来である。B：精子のミトコンドリアは、受精後分解される

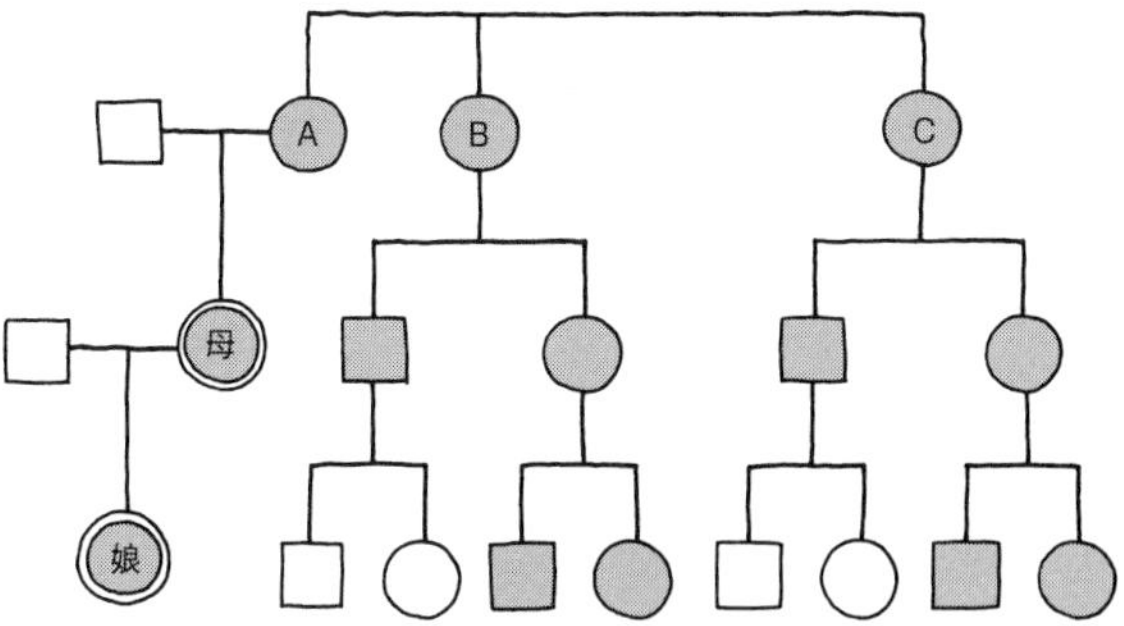

図 5-2　仮定の家系図（左下が問題の母娘）

リアは、すべてお母さん由来です。皆さんのミトコンドリアDNAは、皆さんの母親のミトコンドリアDNAと同一なのです。

だったら、母子の鑑定は楽ではないかと思いませんか？　実はそう簡単ではないのです。母親のミトコンドリアDNAは、子どもにすべて伝わります。男の子も女の子も、持っているミトコンドリアDNAは母親と同じです。ということは、母親の女親（母方の祖母）のミトコンドリアDNAも同じであり、もし母方の祖母Aさんに姉妹が2人いた場合（BさんとCさんとしましょう）、BさんとCさんのすべての子ども、その中でも女の子どものまた子ども（B、Cさんの娘の方の孫）のミトコンドリアDNAも同じになります。**図5-2**の家系図で言うと、母子鑑定を行いたい1組の他に、同じミトコンドリアDNAを持つ人が11人もいることになります。この家系図を伸ばしていくと、もっと多くの人が共通のミトコンドリアDNAを持っていることになり、その中に行方不明の人がいた場合には、ミトコンドリアDNAで人を特定するのは無理ということになります。

核DNAが抽出できれば、父と母のDNAが分かっただけで、その子かどうかが分かります。

†ミトコンドリアDNAについての大きな話

このことを利用すると、人類の女性の祖先をたどることができるのです。ミトコンドリアDNAの塩基数は1万6569であるが、そのうちに存在する変異をたどることによって、現人類の祖先が今から15〜20万年前にアフリカに住んでいた1人の女性「ミトコンドリア・イブ」であることが明らかになりました。地球全員のミトコンドリアDNAが同じ配列だったら、こういうことはできません。

ミトコンドリアDNAは酸化的環境下にあるため、核DNAに比べてエラーを起こす頻度が高いことが分かっています。また複製回数が多いことも、エラーの原因と考えられています。ミトコンドリアDNA中のある特定の部位に変異が生じると、脳や筋肉に異常が

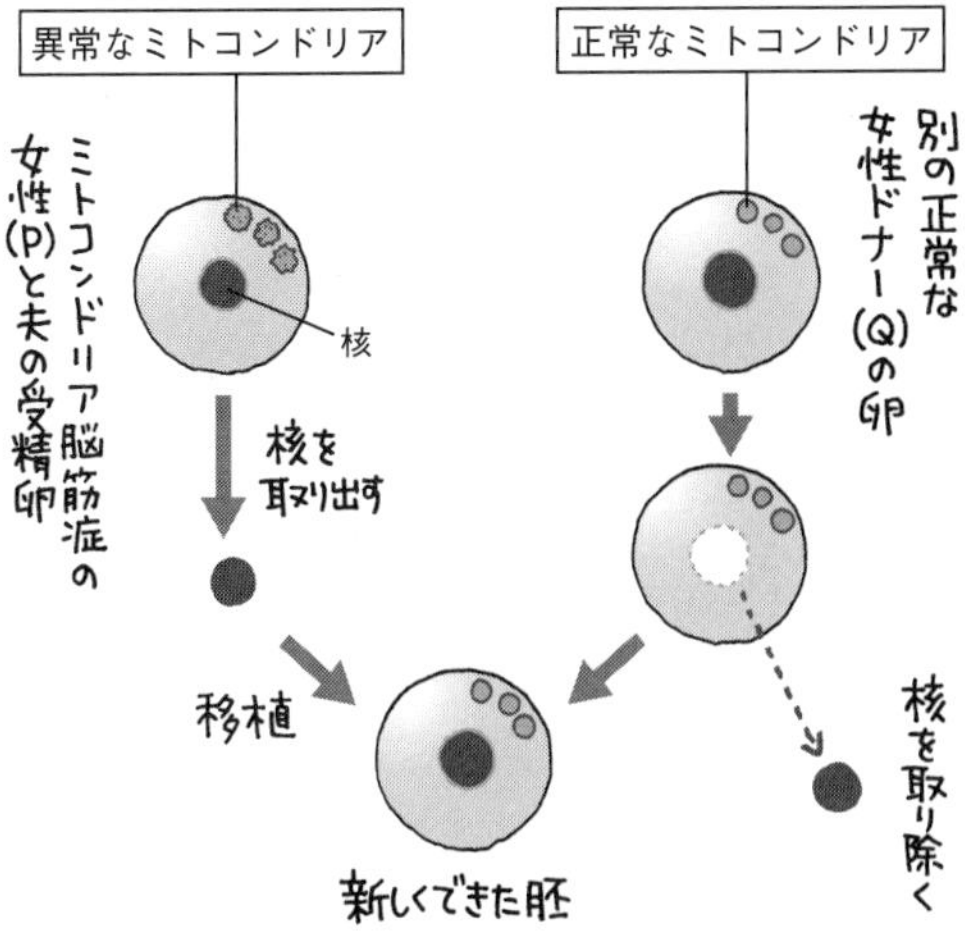

図5-3　核移植のイメージ図。親が3人？

出てくる「ミトコンドリア脳筋症」になることがあります。これは非常に重篤《じゅうとく》な疾患で、もしも女性がこの疾患にかかった場合には、その子どもには100％症状が出ることが予測されます。なぜなら、この女性のミトコンドリアは、自分の子どもが男であろうが女であろうが、必ず受け継がれるからです。

これを助ける方法はないのでしょうか？

実は、核移植という技術を使う方法があるのです（図5-3）。まず、脳筋症の女性Pと夫の受精卵から核だけを引き抜きます。また脳筋症にかかっていない人Qから卵を提供してもらい、そこからも核を除きます。そのQさんの除核卵に先ほどのPさん夫婦の核を注入するのです。この卵は、核DNAがPさん夫婦のもの、ミトコンドリアと細胞質がQさんのもの、となります。そうするとこの受精卵はミトコンドリアが正常なので、脳筋症になる恐れがないのです。核DNAはPさん夫婦のものですから、これも問題はありません。つまり、核移植という技術を使うと、重篤な遺伝性疾患を回避することも夢ではないのです。しかしながら、この技術を使うと、ある1人の核を多くの除核卵に入れることによりクローンをつくることも可能になります。当然、倫理問題をクリアする必要があるのです。

この話を聞くと、あれっ？　と思いませんか。この核移植で生まれた子どもの遺伝子は、Pさん夫婦とQさんの3人の遺伝子から成るので、親が3人いることになりませんか（図5-3）。この3人親の問題をどう解決したらいいでしょうか。

実は、親は3人ではなく2人としていいのです。なぜなら臓器移植を考えてください。肝臓を他人からもらった人は、3人の遺伝子を持っている個体になるわけですが、これを「親が3人」とは言いません。すなわち、受精卵の核移植は臓器移植と同じように扱う、と決めればいいのです。

このようにミトコンドリアDNAにまつわる話は、親子鑑定だけでなく、いろいろな生命現象に関係しているのです。

†歴史上の近親婚

私は、歴史上の出来事がDNA鑑定で解決できたという話が大好きです。昔から、変だなと思っていたことがあります。それは血族結婚を繰り返してきた天皇家の話です。この家系から早死にする子どもや行動異常の例が報告されていました。これはなぜでしょうか。

例えば、平安京を作った桓武天皇の長男が平城天皇、次男が嵯峨天皇です。藤原内麻呂右大臣は、長男の真夏を平城に、次男の冬嗣を嵯峨に仕えさせ、2人を天秤にかけて自家の安定を図ったことが知られています。平城天皇が薬子の変（平城太上天皇の変）で失脚したため、若手の藤原冬嗣が嵯峨天皇の下、実権を握るようになったことは、歴史で勉強したことと思います。

冬嗣は、自分の娘の順子を嵯峨天皇の息子（のちの仁明天皇）に入れ、次男の良房に嵯峨天皇の愛娘潔姫を配してもらいました。仁明・順子からは文徳天皇が生まれ、良房・潔姫からは明子が誕生し、明子は文徳天皇の女御として清和天皇を生んだことが知られています。清和天皇の子である陽成天皇には行動異常のうわさがあったことが、いくつかの逸

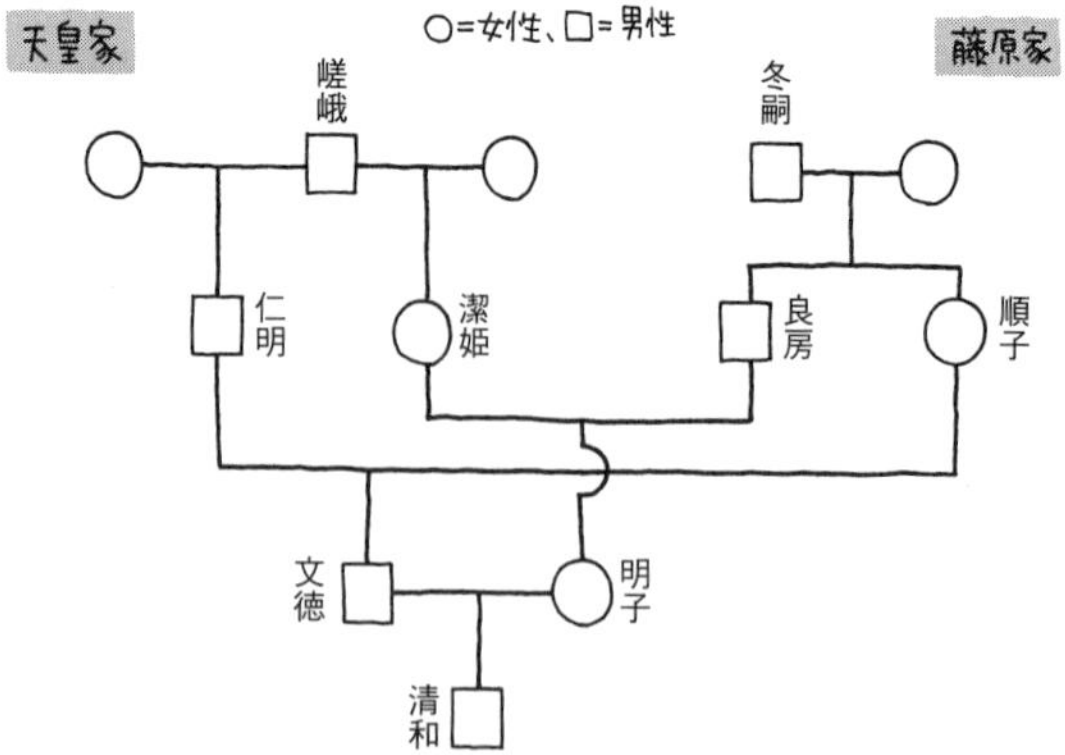

近交係数は

$$\frac{1}{2}\times\frac{1}{2}\times\frac{1}{2}\times\frac{1}{2}\times\frac{1}{4}\times 6=\frac{3}{32}$$

図 5-4　二重いとこ婚に近い家系（清和天皇とその祖先）

話として残っています。ぜひ、皆さん「大鏡」や「愚管抄」を読んでみてください。実は陽成の母の藤原高子（ご存じ「伊勢物語」での在原業平との恋愛話は有名）は冬嗣の長男長良の娘なので、ここでも近親婚の影響が出ているのかもしれません。

この清和天皇までの家系図を書いてみると、**図5-4**のような典型的な二重いとこ婚であることが分かります。ここでは詳しいことは述べませんが、二重いとこ婚とすると血縁関係の濃さの指標である清和天皇の近交係数は32分の3と計算されます。この数字は、清和天皇の両親の祖先家系の中にいる、父・母方共通の

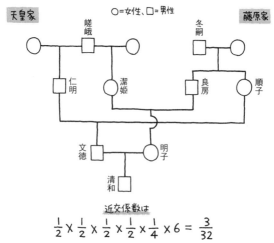

祖先の人の遺伝子が清和天皇にホモに伝わる確率を表し、「この値が16分の1より大きいと結婚できない」という現今の規則を大きく上回っています。そのため、清和天皇は身体が弱かったという文献から明らかな事実の理由も分かるような気がします。また、近親婚の結果である陽成にも異常が出やすいことも推定できます。もちろん、陽成は主流から外れた皇統なので、こういう悪いうわさが広がった可能性も否定できません。しかし、ただ歴史を文献的に読み解くだけでなく、家系図という科学的指標から歴史を見ると、新しい事実が見えることがあるのです。

このように、現在の科学知識を使えば過去の社会をのぞき込むこともできることは素晴らしいことだと思いませんか。これが探究の醍醐味です。このワクワクした体験を子どもたちに経験していただきたいと強く思います。

本書を仕上げるにあたり、筑摩書房の伊藤笑子さんにお世話になりました。ここに厚くお礼申しあげます。

参考文献

執筆の時に参考にした理科教科書は、筆者が啓林館発行の小学校理科、ならびに高校の理数探究基礎教科書の編集委員長を務めてきたこともあり、同社の教科書を参考にしました。また、内容については次の文献を参考にしました。

新井紀子「ＡＩ vs. 教科書が読めない子どもたち」東洋経済新報社、２０１８年
石浦章一「サイエンスライティング超入門」東京化学同人、２０２２年
河合雅司「未来の年表２　人口減少日本であなたに起きること」講談社現代新書、２０１８年
日本学術振興会「科学の健全な発展のために」編集委員会編「科学の健全な発展のために」丸善出版、２０１５年
増田寛也「地方消滅　東京一極集中が招く人口急減」中公新書、２０１４年
ＧＤラクストン、Ｎコルグレイヴ「生命科学の実験デザイン」（第４版）名古屋大学出版会、２０１９年

ちくま新書
1689

理《り》数《すう》探究《たんきゅう》の考《かんが》え方《かた》

二〇二二年一〇月一〇日　第一刷発行

著　者　石浦章一（いしうら・しょういち）

発行者　喜入冬子

発行所　株式会社 筑摩書房
東京都台東区蔵前二―五―三　郵便番号一一一―八七五五
電話番号〇三―五六八七―二六〇一（代表）

装幀者　間村俊一

印刷・製本　株式会社 精興社

ISBN978-4-480-07511-6 C0240

ちくま新書

1644
こんなに変わった理科教科書
左巻健男
えっ、いまは習わないの？　かいちゅうと十二指腸虫の写真入り解説、有精卵の成長観察、解剖実験などはなぜ消えたのか。戦後日本の教育を理科教科書で振り返る。

1632
ニュースの数字をどう読むか
――統計にだまされないための22章
トム・チヴァース
デイヴィッド・チヴァース
北澤京子訳
ニュースに出てくる統計の数字にはさまざまな裏がある、前提がある。簡単に信じてはいけません。数字にだまされないノウハウを具体例をあげてわかりやすく伝授。

1545
学びなおす算数
小林道正
分数でわるとなぜ答えが大きくなるか、円周率はなぜわりきれないか、マイナスかけるマイナスがなぜプラスになるか、図形感覚が身につく補助線とは……。

1454
やりなおし高校物理
永野裕之
ムズカシイ……。定理、法則、数式と覚えて理解しなきゃいけないことが多い物理。それを図と文章で一気に理解させ、数式は最後にまとめて確認する画期的な一冊。

1186
やりなおし高校化学
齋藤勝裕
興味はあるけど、化学は苦手。そんな人は注目！　原子の構造、周期表、溶解度、酸化・還元など必須項目をやさしく総復習し、背景まで理解できる「再」入門書。

1432
やりなおし高校地学
――地球と宇宙をまるごと理解する
鎌田浩毅
人類の居場所である地球・宇宙をまるごと学ぼう！　京大人気No.1教授が贈る、壮大かつ実用的なエッセンスを集めた入門書。日本人に必須の地学の教養がこの一冊に。

1542
生物多様性を問いなおす
――世界・自然・未来との共生とＳＤＧｓ
高橋進
ＳＤＧｓ達成に直結し、生物資源と人類の生存基盤とを包摂する生物多様性。地球公共財をめぐる旧来の利益第一主義を脱し、相利共生を実現するための構図を示す。